KB164614

또   늘
화내고   후회하고 있다면

The Anger Toolkit:

Quick Tools to Manage Intense Emotions & Keep Your Cool

By Matthew Mckay, Peter D. Rogers, Ronald Potter-Efron, Patricia Potter-Efron, William J. Knaus, Alexander L. Chapman, Kim L. Gratz

Copyright © 2023 by Matthew Mckay, Peter D. Rogers,
Ronald Potter-Efron, Patricia Potter-Efron, William J. Knaus,
Alexander L. Chapman, Kim L. Gratz
New Harbinger Publications, Inc.
5720 Shattuck Avenue
Oakland, CA 94690
www.newharbinger.com
Korean translation copyrights © 2024 by Prunsoop Publishing Co., Ltd.

This Korean edition published by arrangement with New Harbinger Publications,
Inc. through YuRiJang Literary Agency.

또
화내고

늘
후회하고 있다면

매튜 맥케이 외 6인 지음
제효영 옮김

THE
ANGER TOOLKIT

시심

분노는 누구도 피할 수 없는 정상적인 감정이다

지금 우리는 너무 힘들고 불확실한 시대를 살고 있다. 자연재해부터 회사의 감원 조치, 업무 자동화, 이전에는 상상도 못했던 전 세계적인 대유행병과 이 모든 문제를 두고 벌어지는 정치적 분열까지. 분노를 느낄 만한 일이 차고 넘친다.

여러분은 분노를 계속 짊어진 채 살고 싶지 않으며, 이 감정이 자신은 물론 다른 사람에게 고통을 주는 것이 싫어서 이 책을 집어 들었을 것이다. 분노는 자신이나 소중한 사람을 지킬 때 유용하다. 하지만 분노가 감당하지 못할 만큼 커지면, 파괴적이거나 해가 되는 행동을 하려는 충동을 일으키기도 한다. 분노는 고통을 표출하는 수단이 되는 경우가 많다. 뭔가 단단히 잘못됐다고 느끼거나 스스로 어찌할 수 없는 일이라고 느낄 때 이를 극복하려고 화를 내는 것이다.

우리는 이 책이 도움이 되리라 믿는다. 화가 폭발하고 분통이 터지려고 할 때, 감정을 가라앉히고 현재에 집중해서 차분해지는 법을 터득할 수 있을 것이다. 정신건강 분야 최고의 전문가들이 분노를 줄이는 가장 손쉬우면서도 효과적인 훈련, 기법, 실천 방안을 이 책에 모두 담았다. 효과가 입증된 방법들이며 실제 치료에도 활용 중이다. "입증됐다"는 말은 전 세계 여러 연구소가 이 책에서 소개하는 방법들을 시험하고, 인정했으며, 지난 수십 년간 도움을 구하러온 사람들에게 활용했다는 의미다.

인지행동치료나 변증법적 행동치료, 신경과학을 어느 정도 아는 독자도 있을 것이다. 그런 분들은 이 책이 어떤 도움을 줄지 알 것이라 생각한다. 물론 이에 관해 전혀 들어본 적 없는 독자들도 이 책을 통해 알게 될 테니 염려하지 않아도 된다. 이런 치료법을 아는 것보다는 자신의 기분을 나아지게 하고, 생각을 정확하게 이해하고, 스스로가 중요하다고 여기는 것을 중심으로 삶을 살아가는 것이 이 책의 정확한 활용법이다.

먼저 화를 덜 내고 자신과 다른 사람을 해치는 행동을 자제하는 몇 가지 기법을 설명한 다음, 더 어려운 단계인 분노 뒤에 숨어 있는 고통을 관리하는 방법을 안내한다. 가능하면 이 책에서 소개하는 방법들을 처음부터 끝까지 순서대로 실천해보길 권한다. 어느 정도 평정심이 생기거나, 어떤 일에 과도하게 반응하지 않게 되면, 분노를 더 수월하게 다스릴 수 있다.

하지만 책에서 소개하는 방법을 각자의 필요에 따라 활용해도 된다. 자신에게 어떤 방법이 도움이 되는지 이미 알고 있다면 소개한 방법을 전부 시도하지 않아도 된다. 예를 들어, 마음챙김 명상이 효과가 좋다면 그 방법으로 습관을 들이고 다른 기술로 넘어가자. 책에서 안내하는 방법과 기술은 화가 날 때 드는 생각과 감정에 유용하게 활용할 수 있는 것들이므로, 자신의 상황에 맞게 편하게 시도해도 좋다.

식탁이나 책상처럼 언제든 바로 집어 펼쳐볼 수 있는 곳에 이 책을 두면, 꼭 필요한 순간에 위안을 얻을 수 있을 것이다. 일기 쓰기도 도움이 된다. 특히 직접 글로 써보는 방법은 일기를 활용하면 좋다.

책에서 소개하는 훈련과 각종 기법을 아주 조금이라도 좋으니 즐겁게 실천해보길 바란다. 그렇지 않아도 괴로운데 즐기라니, 너무 무리한 요구라는 생각도 들 것이다. 하지만 일단 최선을 다해서 즐기려고 해보자. 마음을 계속 열어두는 것이 중요하다. 어떤 훈련이나 기법이 자신과 잘 안 맞는다고 느껴지면 다른 방법을 시도해보자. 여러분에게 잘 맞는 것이 1순위다.

이 책을 활용한다고 해서 스스로를 '분노 문제가 심각한 사람'이라고 단정 지을 필요는 없다. 누구나 화를 낸다. 대다수의 사람이 한동안 화가 가시지 않아 이 감정을 무슨 말로 표현해야 할지, 이런 감정을 느낄 때는 어떻게 해야 할지 알 수 없는 상태를 경험한다. 이 책의 목적은 분노로 생기는 문제를 최소한 몇 가지라도 신속하고 효과적으로 관리하는 법을 알려주는 데 있다.

분명 힘들고 고통스러운 시대지만, 잠시 시간을 내어 정신건강을 지키고 돌보는 일까지 괴로울 필요는 없다. 그저 한 번 크게 심호흡하고 시작하면 된다.

차례

2부 내 안에 숨은 진짜 분노 찾기

감정을
가라앉히는
응급 처치 기술

화를 빠르게 가라앉히는 방법이 필요할 때가 있다. 분노는 유익한 감정이 될 수도 있지만, 너무 강렬해지고 커지면 화를 다스리는 일 자체가 불가능해진다. 사람들은 화가 나면 스스로에게 도움이 안 될 뿐만 아니라 상황을 악화시키는 행동을 하려는 충동을 느낀다. 화가 났을 때 생기는 충동은 파괴적인 행동과 관련된 경우가 많다. 혹시 그런 경험이 있는가?

강한 분노에 휩싸인 상태에서는 충동이 이끄는 대로 반응하지 않는 게 최선이다. 머리끝까지 화가 난 순간에는 감정이 시키는 행동을 하지 말아야 안 좋은 결과로부터 자신을 보호하고 문제에 휘말릴 가능성도 없앨 수 있다. 1부

감정을 가라앉히는 응급 처치 기술

에서는 격렬한 화가 행동으로 표출되어 상황을 더 악화 시키지 않도록 감정을 조절하는 '응급 처치' 기술을 소개 한다.

자책
그만두기

알아야 할 사실

먼저 확실히 해둘 중요한 사실이 하나 있다. 분노와 싸우는 중이라고 해서 자책하면 안 된다. 진정하고 침착해지자는 다짐을 잊어버리더라도, 심지어 그런 일이 여러 번 반복되더라도 자신을 형편없는 사람으로 여기면 안 된다. 당신은 그저 고통에 시달리는 인간일 뿐이다.

분노의 근원은 어린 시절에 가족에게서 받은 상처나 학대, 방치에 있는 경우가 많다. 그런 고통은 세월이 흘러도 없어지지 않는다. 그때 생긴 상처가 흉터로 남아 지금도 안심하지 못하고, 사랑받는 느낌도 잘 모르고, 스스로를 가치 없는 존재로 여길 수도 있다. 그래서 때로는 작은 자극에도 해묵은 고통이 급격한 분노로 표출된다.

고통의 영향력은 압도적이다. 가끔 느끼는 고통이든, 만성적인 고통이든 마찬가지다. 고통의 파도에 휩쓸리면 지금 이 감정을 표출하는 것 외에 다른 건 일절 신경 쓰지 않는 상태가 되고 만다. 누가 상처받건, 어떤 결과가 초래되건 상관없이 일단 감정을 고래고래 토해낸다.

분노는 극복 수단이다. 일시적으로 상처와 무력감을 이겨내는 데 도움이 되고, 통제력을 되찾은 기분이 든다. 분노 관리가 힘든 것은 바로 이런 특징 때문이다. 그렇다고 마개를 틀어막듯 감정을 억지로 막으려고 하면 분노를 촉발한 고통만 더 날카롭게 느껴진다.

그러므로 자책은 그만해야 한다. 자책은 도움이 안 된다. 화낸다고 자책하면 스스로를 나쁜 사람이나 무가치한 존재로 여겨 고통만 커지고, 그 고통이 더 큰 분노를 만드는 악순환이 일어난다. 먼저, 화가 나는 감정이 다음 중 어느 쪽에 가까운지 생각해보자.

- 어릴 때부터 고통을 이겨내려고 익힌 대처 방법
- 무력감과 통제력을 잃은 느낌을 잠시나마 떨치는 방법
- 벗어나고 싶지만 벗어날 방법을 찾지 못한 습관

회전목마처럼 자꾸만 돌고 도는 이 악순환에서 벗어나고 싶다면, 분노 문제를 지금까지와는 다른 시각으로 봐야 한다.

실천 방법

화가 나면 이렇게 해보자.

1. 꼭 기억해둘 가장 중요한 방법은 멈추는 것이다. 아무것도 하지 말고 아무 말도 하지 마라. 화가 나는 대로 행동하지

마라. 분노는 그냥 감정일 뿐이다. 아주 강력하지만 그걸 반드시 행동으로 옮길 필요는 없다.

2. 한 걸음 물러나서 지금 어떤 느낌이 드는지 관찰한다. 그리고 그 화가 얼마나 강렬한지도 가늠해본다. 특히 이 느낌이 특정 행동을 유도하는 힘이 얼마나 강한지 살펴보고 받아들인다. 분노 자체는 나쁜 게 아니다. 지금 고통을 느끼고 있음을 알려주는 신호다. 문제가 되는 건 분노로 인해 다른 사람이나 자신에게 해를 가할 때뿐이다.

3. 분노를 억지로 밀어내거나 계속 붙들고 있어서는 안 된다. 분노는 파도와 같다. 밀려오고 높이 솟아올랐다가 천천히 밀려간다. 그러니 밀려왔다가 밀려가도록 둬라. 흥미로운 자연 현상을 관찰 중인 과학자가 되었다고 생각하면서 분노가 높이 치솟았다가 사그라지는 과정을 지켜보자. 이때 화를 키울 수 있는 일은 아무것도 하지 않도록 주의해야 한다. 부당하고 억울하다는 생각이 든다면, 그 생각을 붙들고 늘어지지 마라. 지금 기분을 상하게 만든 사람이 예전에 했던 잘못들까지 상기하지 마라. 어쩌다 이렇게까지 화가 났나 하는 생각도 금물이다. 그냥 지금 화가 났다는 사실을 인지하고, 받아들이고, 감정이 서서히

약해지는 과정을 지켜보면 된다.

화를 낸다는 이유로 스스로를 비난해봤자 아무것도 해결되지 않으며, 화를 덜 내게 되는 것도 아니다. 분노는 고통을 느낄 때 나타나는 반응이다. 고통을 치유하려면 화 내는 자신에 대한 자책과 수치심에서 벗어나는 게 중요하다.

분노가 만드는
문제 나열하기

알아야 할 사실

이 책을 읽고 있는 여러분은 화가 폭발해서 문제가 생긴 적이 있고, 때로는 그 문제가 아주 심각한 상황을 만든 경험이 있으리라 생각한다. 그리고 이제 더 이상 그런 문제를 축소하거나 부인하지 않기로 결심했을 것이다. 분노가 자신과 남들에게 예외 없이 문제를 일으키는 상황이라면 그것이 자신의 생활을 구체적으로 어떻게 망쳐놨는지 자세히 살펴보아야 한다. 분노로 발생하는 문제는 다음과 같이 나눌 수 있다.

- **배우자나 연인 또는 과거 연인과의 관계**

  싸움, 이별, 신체 폭력

- **친자녀 또는 의붓 자녀와의 관계**

  불필요한 싸움, 아이들의 애정을 잃거나 유대감 상실

- **가족들과의 관계(부모, 형제자매)**

  끝없는 다툼, 대화 단절로 절연, 형제자매와의 신체적 싸움

- **직장이나 학교생활 문제**

  동료나 학교 친구들과 갈등, 해고나 정학 처분, 승진 탈락

- **법적인 문제**

  경찰 신고, 업무 집행 방해 혐의로 체포, 접근 금지 명령

감정을 가라앉히는 응급 처치 기술

- **신체 건강이나 정신건강 문제**

  불안감이나 우울감 증대, 분노로 인한 사고, 혈압

- **경제적인 문제**

  벌금, 파손된 물품 교체비, 변호사 선임료, 분노 조절
  프로그램 참가비

- **자기 가치와 신앙심에 끼치는 영향**

  화내지 말자는 다짐이나 통제력을 잃지 말자는 결심을
  어김, 감정이 폭발한 후에 느끼는 죄책감과 수치심, 신에
  대한 분노

실천 방법

이처럼 분노로 생긴 문제를 나열해보고, 가장 먼저 해결해
야 할 문제가 무엇인지 생각해보자. 무작정 "전부 다"라고
하지 말자. 한꺼번에 다 해결할 수는 없다. 그러니 선택해
야 한다. 스스로에게 이런 질문을 던져보자. "내 분노로 나

와 남들에게 발생하는 갈등과 문제, 손실, 고통 중에 무엇이 가장 심각한가?"

예를 들어, 열두 살짜리 의붓딸과의 사이가 엉망이 됐고 화를 낼수록 상황이 나빠지기만 한다면, 이제부터는 아이의 어떤 말이나 행동에도 절대 화내지 않겠다고 다짐해보자. 직장에서 뭐든 냉소적인 태도로 일관하다가 쫓겨나기 직전이라면, 회사에 있을 때는 남들에게 불쾌감을 주는 생각이나 의견을 입 밖에 내지 않기로 결심해보자. 이런 결심을 하면 진지하게 달라질 시간을 벌 수 있다. 익숙해지면 정말로 심술궂은 생각을 안 하게 되고, 나중에는 동료들에 관한 긍정적인 생각이 떠오르게 된다.

분노는 화내는 사람이 전부 책임져야 하는 감정이다. 여기에는 장단점이 있다. 지금보다 더 나은 삶으로 만들 책임이 전적으로 자신에게 있다는 것이 장점이다. 반면 분노는 어디까지나 자신의 문제이므로 남을 비난할 수 없다는 단점이 있다. 중요한 건 화가 날 때 어떻게 행동할지 스스로 정하는 것이다. 분노가 내미는 초대장을 넙죽 받아서 실컷 화내고, 비꼬고, 공격적으로 반응할지, 아니면 언짢은 기분으로 지내봐야 좋을 게 없으니 분노의 초대는 거절하고 감정이 자연스레 지나가도록 둘지 결정해야 한다. 화내는 빈도, 그리고 분노가 자신과 다른 사람에게 주는 피해의 정도를 결정짓는 주체는 화내는 사람, 오로지 여러분 자신뿐이다.

분노의 충동과 반대로 행동하기

알아야 할 사실

화가 날 때 화나는 대로 행동하면서 더욱 분노가 치미는 것을 느낀 적이 있는가? 사람들은 열불이 터질 때 소리를 지르면 화를 식히는 데 도움이 된다고 이야기한다. 하지만 그런 상태에서 소리를 지르는 것은 가파른 내리막길을 질주

하는 자동차에서 가속 페달을 밟는 것과 같다. 소리를 지르면 신경계가 활성화되어 분노가 더 강렬해진다. 화를 식히기는커녕 마음이 더 크게 동요하도록 스스로 부채질하는 격이다. 소리 지르기를 포함해서 분노의 충동대로 행동하면 더 화가 나는 악순환이 시작되고, 결국 재앙 같은 결과로 이어진다. 그럴 때 행동을 바꾸면 분노의 악순환을 끊어낼 수 있다.

괴로운 감정 상태를 가장 빨리 바꾸는 방법은 반대로 행동하기다. 반대로 행동하면 분노에서 시작된 행동을 직접 바꿔서 악순환에서 빠져나올 수 있다. 차가 내리막길을 내달릴 때 침착하게 브레이크를 밟고 속도를 줄이면 차를 제어할 수 있는 것처럼, 분노가 일으킨 충동과 정반대로 행동하면 분노에 효과적으로 대처할 수 있다. 이렇게 충동이 시키는 것과 반대로 행동하면 화를 더 키우는 상황(다른 사람들과 갈등을 빚는 경우 등)이나 부정적인 감정(죄책감, 수치심, 슬픔)을 피할 수 있다.

실천 방법

- **인상 쓰지 말고 미소 짓기**

  화가 났을 때 미소를 짓는 것만으로도 요동치는 감정을
  가라앉힐 수 있다.

- **목소리를 높이지 않고 부드럽게 말하기**

  꼭 집중해서 실천해볼 만한 방법이다. 평소보다 목소리를
  낮추고 더 부드럽고 차분하게 말하려고 해보자.

- **긴장을 풀고 몸을 편안하게 두기**

  양팔을 편히 늘어뜨려 호흡한다. 몸을 기대거나 다리를
  편하게 교차한 자세로 자리에 앉는다. 마음이 가라앉지
  않더라도 상황을 차분하게 바라보려고 해보자.

- **공격하느니 물러나기**

  화가 나는 사람과 대면해서 할 말을 다 쏟아내고 싶을
  수도 있다. 상대방을 감정적으로 또는 물리적으로
  흔들어놓고 싶은 마음이 굴뚝같을 것이다. 그럴 때는

다른 곳을 보거나 자리를 피해 다른 데로 가라. 욱하게 되는 상황이라도 아무 말도 하지 마라. 다음 기회를 위해 남겨두자. 당장 해결하려고 하면 감정만 폭발할 뿐이다.

- **평가하지 말고 공감하기**

"힘들었겠다" 또는 "왜 그렇게 걱정하는지(또는 놀랐는지. 당황하는지. 실망하는지) 알겠어"와 같이 상대방의 생각을 조금이라도 인정하는 말을 건넨다. 별로 인정하고 싶지 않고, 그런 말을 하는 게 가식처럼 느껴져도 괜찮다. 속 좁게 굴고 싶은 마음이 강렬하게 올라와도 상대방의 관점을 이해하는 것처럼 '행동'해볼 수는 있다.

처음에는 반대로 행동하기가 어려울 수 있지만, 실천해보면 점점 자연스러워진다. 충분히 연습하면 나중에는 애써 노력하지 않아도 자동으로 분노가 일으키는 충동과는 정반대로 행동하게 된다.

추가로 시도해보기

반대로 행동하기는 몸과 마음을 온전히 집중해서 실천할 때 가장 큰 효과를 얻을 수 있다.° 즉, 최대한 몰입해서 행동으로 옮기는 것이 좋다.

예를 들어, 평가하지 말고 공감하기의 경우 완전히 몰두해서 실천할수록 큰 효과를 얻는다. 그래서 반대로 행동하기를 했을 때 자신이 얼마나 집중했는지 기록해두면 유용하다. 온 마음을 다해 집중했는지, 아니면 마음이 다른 데 가 있었는지 주의 깊게 짚어보자.

반대로 행동하기를 실천했을 때 자신이 최선을 다했는지도 생각해보자. 할 수 있는 노력의 절반만 하지는 않았는가? 충동과 반대로 행동했어도 최대한 노력하지 않았다면 그 사실을 스스로 인지하고 있어야 한다. 이 차이를 알아야 다음에 비슷한 상황이 닥쳐서 반대로 행동하려고 할 때 현재에 온전히 집중해서 노력해야 한다는 점을 상기할 수 있다.

°   Linehan, 1993a, 2015

완전히 몰두해서 실천할 때와 성의 없이 실천할 때 결과가 어떻게 달라지는지도 생각해보자. 진심으로 노력할 때 효과가 더 크다는 것이 느껴지는가?

잠시
나갔다 오기

알아야 할 사실

화가 슬슬 올라올 때, 이대로 있다가는 자제력을 잃고 어리석은 말이나 행동을 하게 될 것 같다면 잠시 자리를 떠날 필요가 있다. 이런 순간에 필요한 4단계 방법이 있다. 바로 인지하기, 물러나기, 긴장 풀기, 돌아오기다.

- **1단계: 인지하기**

  자제력이 떨어지거나 완전히 바닥날 것 같은 조짐을
  스스로 인지할 수 있어야 한다. 그래야 알맞은 타이밍에
  나갔다 올 수 있다. 보통 이런 조짐은 언성이 높아지고,
  말이 빨라지고, 혈압이 올라 몸이 더워지고, 남의 말이
  귀에 잘 들어오지 않고, 공격적인 생각이 떠오르고,
  그 생각을 행동으로 옮기고픈 충동이 들고, 주먹을
  꽉 쥐고, 자신이 공격받았다고 느끼는 것으로 나타난다.
  이런 조짐을 "자제력을 잃기 전에 잠시 나갔다 오라"라는
  메시지로 여기자.

- **2단계: 물러나기**

  어디든 안전하고 조용한 장소로 간다. 일단 있던 곳에서
  빠져나오면 마음을 가라앉히고 더 현명하게 생각할 수
  있다. 한 가지 주의할 점은 화를 부추기는 사람들이 있는
  곳으로 가지 말아야 한다는 것이다. 있던 자리에서 잠시
  물러나는 이유는 진정하기 위해서지 열을 내기 위해서가
  아니다.

- **3단계: 긴장 풀기**

  몸과 마음에서 분노가 흘러나오도록 두자. 운동을 통해
  흘려보내는 방법도 좋다. 독서나 낚시가 도움이
  될 수도 있다. 하지만 술을 마시거나 약에 손대면 안 된다.
  그랬다가는 상황이 더 나빠진다.

- **4단계: 돌아오기**

  감정을 가라앉히는 것으로 끝내서는 안 된다. 평정심을
  찾았다면 반드시 원래 있던 자리로 돌아와서 화가 났던
  문제를 해결하기 위해 노력해야 한다.
  이 마지막 단계를 마치지 않고 달아난다면 앞서 했던 모든
  노력이 헛수고가 된다.

실천 방법

화가 날 때 잠시 나갔다 오려면 계획을 미리 짜두어야 한
다. 화가 치밀면 생각이 흐려져서 뭘 어떻게 해야 하는지
제대로 떠올리지 못하기 때문이다. 앞서 이야기한 4단계에

맞게 계획을 세워보자.

- **1단계: 인지하기**

  자제력을 잃을 만큼 화가 치밀 때 자신에게 나타나는 조짐
  다섯 가지를 써보자. 떠오르는 게 없다면 연인이나 가족,
  친구들에게 물어보자.

- **2단계: 물러나기**

  머리끝까지 화가 나서 최소한 30분은 마음을 가라앉히고
  와야 하는 상황이라고 상상해보자. 그럴 때 어디로 가면
  좋을까? 그곳까지 어떻게 이동할 수 있을까? 그 장소로
  갈 수 없다면 차선책으로 갈 만한 곳은 어디일까?

- **3단계: 긴장 풀기**

  어떤 방법으로 화가 자연스럽게 흘러나가도록 할 것인가?
  산책, 호흡하기, 일이나 다른 활동에 몰두하기? 화를
  부추기지 않을 사람과 대화하기?

- **4단계: 돌아오기**

또다시 분노를 터뜨리지 않고 화가 났던 일을 이야기할 수 있어야 한다. 언제 그럴 수 있는지는 어떻게 판단할 수 있을까?

화가 날 때 나갔다 오는 방법은 절대 과용하면 안 된다. 정말로 필요할 때만 써야 한다. 걸핏하면 자리를 벗어나는 사람은 신뢰를 잃게 된다.

분노 상황에 객관적으로 반응하기

알아야 할 사실

판단이나 추측 없이 집중하고, 깊이 생각해 인지하는 것이 마음챙김 명상이다. 마음챙김은 경험한 일에서 한 걸음 물러나 좋고 나쁨이나 옳고 그름을 평가하지 않고 객관적으로 바라볼 때 가능해진다. 상황을 애써 바꾸려고 하지 말

자. 마음에 들건, 그렇지 않건 그 경험을 열린 마음으로 받아들여야 한다. 아침에 바깥 날씨가 어떤지 살펴보는 것과 비슷하다. 공기가 따뜻한지 차가운지, 하늘에 구름은 있는지, 비가 올 조짐이 느껴지는지 확인할 뿐 날씨가 자신이 바라는 대로 바뀌기를 바라지 않는 것이 마음챙김이다. 하지만 화가 나거나 화를 부추기는 상황에서 이런 마음가짐을 갖기란 쉽지 않다.

실천 방법

화가 날 때 다음 순서대로 해보자. 분노가 어떤 요소들로 이루어져 있는지 평가하지 않고 가만히 살펴본다.

1. 앉거나 누울 수 있는 편안하고 조용한 장소로 간다.
2. 눈을 감는다.
3. 호흡에 집중한다. 숨을 들이마시고 내쉴 때 어떻게 느껴지는지 인지해보자. 숨을 들이쉬고 내쉴 때 몸의 어떤 부분이 움직이는지도 느껴본다.

감정을 가라앉히는 응급 처치 기술

4. 최근에 화가 났던 일을 떠올려본다. 아무렇지도 않으면 0점, 가장 심하게 화가 끓을 때를 10점으로 놓고, 4점이나 5점 정도의 강도로 화가 났던 일을 생각해본다. 그 일에 집중해 그때 있었던 일들을 정확하게 떠올려보자.

5. 화나는 감정이 몸 어디에서 느껴지는지 신체 감각에 집중해본다. 머리끝부터 발가락 끝까지 위에서 아래로 순서대로 천천히 훑어 내려가면서 머리, 목, 어깨, 등, 가슴, 배, 팔, 손, 다리, 발에 다르게 느껴지는 감각이 있는지 확인한다. 각 부위에 10초 정도 머무르면서 특정한 감각이 느껴지는지 가만히 주의를 기울여본다.

6. 몸 전체를 훑어봤다면, 이제 화가 날 때 다른 감각이 느껴진 부위에 정신을 집중한다. 오로지 그 감각에만 주의를 기울인다. 해변가에서 파도가 높이 솟았다가 부서지는 모습을 바라보듯, 그 감각이 커졌다가 가라앉는 변화를 지켜본다. 숨을 들이쉬고 내쉬면서 아무것도 평가하지 않고 그 감각에 주목한다.

7. 화가 날 때 느껴지는 몸의 감각에 이름을 붙이거나 평가하기 시작했다면, 어떤 내용인지 기억해두고 다시 돌아가서 평가 없이 그 감각에만 집중하려고 노력한다.

8. 머릿속에 떠오르는 생각이 있다면 그것을 붙잡지 말고 그냥 이런 생각이 떠오르는구나, 하고 마음으로 주의를 집중한다. 어떤 생각에서 헤어나지 못하거나, 그런 생각을 하는 자신을 비난하기 시작했다면 그 사실을 기억해두고 다시 지금 떠오르는 여러 생각을 살펴보는 상태로 돌아간다.

9. 특정한 행동을 하고 싶은 충동이 생기는지 집중해서 살펴본다. 충동이 강렬하게 들었다가 사그라지는 변화를 가만히 바라본다. 그 충동이 변화하면 변화하는 대로, 지속되면 지속되는 대로 지켜본다.

10. 화나는 감정의 다양한 구성 요소에 집중한다. 달아나거나 피하지 말아야 한다. 감각이나 생각, 행동으로 옮기고픈 충동을 억지로 밀어내거나 바꾸려 하지 말고 있는 그대로 바라본다. 1번부터 10번까지 전체 과정을 10~15분간 실천하거나, 감정이 차분해지고 더 이상 화가 나지 않을 때까지 적당한 시간 동안 실천한다.

이 같은 마음챙김 명상법을 익혀두면 분노를 자극하는 상황이 왔을 때 객관적으로 반응하는 데 도움이 된다.

감정을 가라앉히는 응급 처치 기술

부정적인 생각을 긍정적인 생각으로 바꾸기

알아야 할 사실

화가 나면 다른 사람이 하는 말과 행동을 나쁘게 생각하는 능력이 끔찍할 정도로 출중해진다. 이번 장에서는 그런 사고 패턴을 바꾸는 법을 소개한다. 전통적인 인지행동치료의 원리를 활용하는 방법이다. 먼저 다음 사실을 떠올리는 것으로 시작한다.

1. 일은 그냥 일어난다.
2. 인간은 일어난 일에 의미를 부여한다.
3. 인간이 부여하는 의미는 부정적이거나, 긍정적이거나,
   중립적일 수 있다.

화가 난 상태에서는 일어난 일에 필요 이상으로 부정적인 의미를 부여할 가능성이 크고, 그 결과 적대적으로 말하거나 행동하게 된다. 부정적인 생각을 긍정적으로 바꾸는 법을 터득하면 그런 습관적인 분노를 피할 수 있다. 생각을 바꾸는 방법은 다음과 같다.

1. 어떤 일이 일어났다.
2. 자신이 그 일을 나쁘게 해석하고 있다는 사실을
   인지한다(그런 해석은 보통 적대적인 말이나 행동으로
   이어진다).
3. 처음 떠오른 해석 대신 더 긍정적인(또는 최소한 중립적인)
   해석을 선택하면, 화를 덜 내거나 덜 적대적으로 반응할

감정을 가라앉히는 응급 처치 기술

수 있다.

예를 들어보자.

최고 속도가 시속 90킬로미터인 도로에서 앞차가
90킬로미터로 주행 중이다. "저 자식 때문에 나까지 늦잖
아, 저런 멍청한 놈!" 평소 같으면 경적을 울리고 욕하는 것
으로도 모자라서 한 시간 넘게 그 차를 떠올리며 계속 씩씩
댔을 것이다. 자신이 상황을 부정적으로 인식하고 있음을
인지했다면 이렇게 생각을 바꿔보자. "급한 일도 없는데,
이렇게 열 낼 필요 없잖아?" 그렇게 진정하고, 추월할 기회
가 올 때까지 인내심 있게 기다린다.

실천 방법

최근에 화가 났던 상황을 떠올려보자. 앞서 설명한 방법을
그 상황에 적용했다면 다르게 반응했을까? 다음에 같은 상
황을 겪는다면 이 방법을 써서 평소와 다르게 반응할 수 있
는지 확인해보자.

몸과 마음의 긴장을 푸는 호흡 연습

알아야 할 사실

화를 덜 내는 가장 효과적인 방법 중 하나는 적절히 호흡해 긴장을 푸는 것이다. 필요한 순간에 이 방법을 활용하려면 평소에 연습해두어야 한다. 호흡을 바꿔 분노를 가라앉히고 나면 기분이 정말 좋아진다.

실천 방법

호흡 연습을 해보자.

1. 앉거나 누울 수 있는 편안하고 조용한 장소를 찾는다.

2. 눈을 감는다.

3. 긴장을 풀고 스트레스를 주는 외부 요인들은 다
   흘려보낸다.

4. 코로 천천히 숨을 들이마시며 좋은 공기가 흘러
   들어온다고 생각해보자. 횡격막이 내려간다고 생각하면서
   숨을 깊이 마신다.

5. 그 상태로 4~5초 동안 숨을 멈췄다가 천천히 입으로 숨을
   내쉰다.

6. "하나" 하고 말한다.

7. 4번과 5번을 반복하고, 끝나면 "둘"이라고 말한다.

8. "열"을 셀 때까지 4번과 5번을 계속 반복한다.

"열"부터 숫자를 거꾸로 세면서 "하나"가 될 때까지
반복해도 좋다. 숨을 들이마시고 잠깐 그대로 있다가 다시

내쉴 때 "편안하게"라고 조용히 말해보는 것도 좋은 방법이다.

일상생활 중에 호흡이 필요할 때는 이 같은 방법으로 호흡하되 횟수를 서너 번 정도로 줄여서 간단히 활용할 수 있다.

추가로 시도해보기

긴장 푸는 연습을 해보자. 몸 전체를 이완해서 근육과 신경계를 차분하게 만드는 방법을 소개한다. 이 방법으로 몸의 긴장을 풀면 마음도 함께 차분해진다. 다음 순서대로 따라 해보자.

1. 발가락 끝에서부터 머리까지 또는 반대로 정수리부터 아래로 내려가면서 부위별로 차근차근 긴장을 푼다. 발과 발가락, 종아리와 정강이, 허벅지 앞뒤, 엉덩이와 골반, 복부 근육, 가슴 부위, 등과 허리, 어깨와 목, 턱, 얼굴(특히 눈과 관자놀이), 이마, 정수리와 뒤통수로 각각

나누어서 차례로 이완한다.

2. 긴장을 푸는 동안에도 깊고 천천히 계속 호흡해야 한다. 정해진 시간은 없지만, 몸 전체 긴장을 충분히 풀려면 최소 15~20분 정도가 걸린다.

3. 온몸을 이완하면서 마음을 차분하게 하는 몇 가지 생각을 떠올리는 것도 도움이 된다. 예를 들어, '아주 좋아, 시간은 많아', '나는 안전해' 같은 생각을 떠올려본다.

4. 그래도 머릿속에 '지금 이러고 있을 시간이 없어'라든가 '오늘 저녁은 뭘 먹어야 하나?', '이래 봤자 아무 소용없어', '너무 바빠서 긴장을 풀 틈이 없어', '그 일은 지금 생각해도 너무 화가 나' 같은 성가신 생각이 끈질기게 떠오르면, 풍선에 그 모든 생각을 묶어서 멀리 날려 보낸다고 상상해보자. 억지로 떨치려고 하면 안 된다. 생각은 관심을 크게 기울이지 않으면 알아서 사라진다.

5. 시각, 청각, 촉각 이미지를 활용해서 긴장을 푸는 것도 좋다. 예를 들어, 완벽한 평화로움을 느꼈던 순간을 떠올려본다. 해변가에 앉아 따사로운 햇살을 느끼며 파도 소리에 귀 기울일 때 하늘에 갈매기 몇 마리가 조용히 날고 있는 모습을 봤던 날이 떠오를 수도 있다. 또는

좋아하는 의자에 편안히 앉아서 눈을 지그시 감고 내가 이렇게 살아 있고 이 우주에 존재한다는 사실이 기쁘고 행복하다고 생각했던 때가 떠오를 수도 있다. 이런 특정한 이미지와 소리, 감각이 더해지면 긴장을 푸는 효과가 커진다.

냉정을 되찾거나 마음을 진정시키고 싶을 때 가장 먼저 호흡법을 시도해보자. 여기에 몸 전체의 긴장까지 풀리면 훨씬 더 큰 효과를 얻을 수 있다.

분노의 미끼를
물지 않는 방법

알아야 할 사실

화를 낼 수 있는 모든 일(마음이나 몸에서 일어난 일 또는 외부에서 일어난 일 모두)을 '분노의 초대장'이라고 부르자. 운전 중에 난데없이 끼어드는 차, 배가 아파서 자다가 깨는 일, 누가 자리에 핸드폰을 놓고 가서 벨 소리가 계속 시끄럽게 울려대는 상황, 지치고 힘든 날 배우자가 퇴근길에 장을 봐오라고 하는 것, 사람 이름이 기억 안 날 때, 직장에서 문제가 생겨 업무에 차질이 생기는 경우 등 우리는 하루에도 여러 번 분노의 초대장을 받는다.

분노의 초대에 "사양합니다"라고 말하는 요령이 필요하다. 이런 요령이 없으면 초대장이 올 때마다 넙죽 받아서 화를 내게 된다. 화낼 때는 매번 그럴 만한 이유가 있겠지만, 그러느라 소진되는 시간과 에너지, 노력을 생각해보자. 분노의 초대는 까다롭게 골라서 받아야 한다.

지난 24시간 동안 분노의 초대장이 몇 통이나 왔는지 세어보자. 그중에 몇 통을 수락했나? 수락한 초대와 사양한 초대에는 어떤 차이가 있었나? 또 한 가지 중요한 질문이 있다. 앞으로 24시간 동안 날아올 분노의 초대장 중 몇 통에 응할 것 같은가?

분노의 초대장은 대부분 함께 생활하는 주변 사람들이 보낸다. 그들이 낚싯줄에 초대장을 미끼처럼 매달고 코앞에 드리운다. 여러분의 감정이 강이라면 사람들은 강변 곳곳에서 그렇게 미끼를 던진다.

여러분은 그 강에 사는 물고기다. 어서 화내라는 미끼

감정을 가라앉히는 응급 처치 기술

를 덥석 물지 않으려면 영리해져야 한다. 먹이는 까다롭게 고르고 낚시꾼들 눈에 띄지 않도록 수초 사이로 조용히 움직여야 한다. '똑똑한 물고기는 미끼를 물지 않는다'는 사실을 명심하라.

실천 방법

다음 내용을 실천하면서 똑똑한 물고기가 되자.

- **대뜸 공격적으로 대하지 않는 법을 익힌다**
  그냥 웃어넘기고 사소한 일에 신경 쓰지 않는다.

- **강의 흐름을 내 마음대로 바꾸려고 괜한 힘을 쏟지 않는다**
  강이 흐르는 대로 간다.

- **꼭 싸워야 하는 때를 신중하게 선택한다**
  미끼를 물면 대부분 잡힌다는 사실을 기억해야 한다.

- **다른 사람들이 언제, 어떻게 나를 낚으려고 할지 파악한다**

  그들에게 낚시의 즐거움을 선사하지 말자.

- **화내야 하는 때는 내 의지로 선택한다**

  낚싯줄을 던졌다는 이유만으로 화낼 필요는 없다. 맞서

  싸울 만한 가치가 있는 일에만 화를 낸다.

최근에 분노를 부추기는 낚싯줄에 걸려들었던 경험을 세 가지 정도 떠올려보자. 어떻게 됐나? 다음에 같은 상황이 생긴다면 똑똑한 물고기는 미끼를 물지 않는다는 사실을 기억할 수 있을까?

갈등의 불씨부터 끄기

알아야 할 사실

화가 슬슬 나기 시작해도 냉정을 잃지 않으면 거기서 멈출 수 있다. 다음은 분노가 싸움으로 번지지 않도록 막을 수 있는 39가지 방법이다. 어떻게 활용하느냐는 여러분에게 달려 있다. 그리고 이 방법을 활용하려면 화가 나기 시작하는 조짐을 스스로 인지해야 한다. 자신과 맞선 상대방이 위험한 단계로 넘어가려는 징후도 알아차릴 수 있어야 한다. 둘 중 어느 한쪽이 언성을 높이고, 했던 말을 반복하고, 몸을 안절부절못하고, 상대방의 말은 듣지 않고 자기 말만 하며, 상대를 비난하거나 모욕하기 시작했다면 다음 39가지 방법 가운데 하나를 골라서 더 큰 갈등으로 번질 수 있는 불씨를 없애자.

1. 그 자리에서 벗어난다.

2. 사과한다.

3. 세 번 심호흡한다.

4. 타협점을 찾는다.

5. 별일 아니라고(큰 위기가 아니라고) 자신에게 말한다.

6. 자리에 앉는다.

7. 부드러운 말투로 천천히 말한다.

8. 상대방을 칭찬한다.

9. 상대방의 견해를 인정한다("좋은 지적이군요").

10. 농담으로 분위기를 가볍게 만든다.

11. 똑똑한 물고기는 미끼를 물지 않는다는 사실을

상기한다(분노의 초대장이 와도 얼마든지 거절할 수 있다).

12. 뒤로 조금 물러난다.

13. 술은 그만 마신다.

14. 손으로 상대방과 가볍게 접촉한다.

15. 입장을 바꿔서 생각해본다.

16. 잠시 나갔다 온다(인지하기, 물러나기, 긴장 풀기, 돌아오기를 기억하자).

17. 싸우려고 할 게 아니라 상대방과 잘 지내는 데 집중한다 (소중한 사람을 적으로 대하지 말자).

18. 상대방의 좋은 점을 떠올려본다.

19. 작은 것을 양보한다("알겠어, 당신이 원하면 그렇게 할게").

20. 상대방의 주장을 자신의 주장이라고 생각해본다 (이해해보려고 노력한다).

21. 속으로 진정하자고 생각하면서 정말로 진정하려고 노력한다.

22. 상대방이 말을 다 마칠 때까지 기다린다.

23. 누가 이기고 지느냐가 아닌 해결책에 집중한다.

24. 감정이 계속 고조되지 않도록 뭔가 다른 걸 한다.

25. 자제력을 잃으면 안 된다는 사실을 상기한다.

26. 현재에 집중한다.

27. 모욕적인 말을 뱉느니 그냥 입을 다문다.

28. 두 가지 중 하나로 정하려고 하지 말고 둘 다 가능한
    방법을 생각해본다.

29. 성격이 침착한 친구라면 이런 상황에서 어떻게 할지
    생각해본다.

30. 너무 개인적으로 받아들이지 않는다.

31. 상대방의 염려를 진지하게 받아들인다.

32. '난 괜찮아, 당신도 괜찮아'라고 생각한다.

33. 차분해진 척 행동한다. 그렇게 하다 보면 정말로 금세
    차분해진다.

34. 머릿속에 날뛰는 생각들은 곧 흩어져서 사라질
    구름이라고 생각하자.

35. 지금 멍청한 말을 하거나 어리석게 행동하면 무슨 일이
    일어날 수 있는지 상기한다.

36. 상대방의 말에 진지하게 귀를 기울인다.

37. 친절을 베푼다(상대방에게 커피를 가져다주는 등).

38. 상대방이 공격해도 배려와 연민의 마음으로 반응한다.

39. 상대방이 연인, 배우자이거나 자녀라면, 자신이 사랑하는

사람임을 잊지 말자.

실천 방법
———

39가지 방법을 쭉 읽어보면서 연인이나 배우자, 친구, 부모님, 동료, 그 외에 누구든 머릿속에 떠오르는 사람과 의견이 부딪힐 때 가장 유용할 것 같은 방법을 대여섯 가지 골라본다. 익숙한 방법만 고르지 말고 생소한 방법 한두 가지도 함께 골라야 한다. 절대 지고는 못 사는 성격이라 누가 공격하면 반드시 맞공격을 해야 하는 사람이라면 '상대방이 공격해도 배려와 연민의 마음으로 반응한다'를 고른다. 감정이 상하면 상대방의 단점부터 떠오리는 사람은 '상대방의 좋은 점을 떠올려본다'를 선택할 수 있을 것이다.

직접 고른 이 대여섯 가지 방법을 메모지에 써서 항상 갖고 다니자. 그리고 하루에 최소 두 번은 읽어보자. 그러면 아슬아슬한 순간이나 불화가 시작될 조짐이 감지될 때, 마음속으로 종이에 적힌 방법들을 떠올려 한 가지를 활용할 수 있다.

"연장통에 망치밖에 없으면 만사를 못 박듯이 해결하려고 한다"는 말을 들어본 적이 있는가? 분노도 마찬가지다. 화가 날 때마다 갈등을 막아주는 기적 같은 방법은 없다. 그래서 연장통에는 그때그때 상황에 따라 꺼내 쓸 수 있는 다양한 도구를 준비해두어야 한다. 처음 선택한 대여섯가지 중에 다양한 사람들과의 갈등에 가장 효과가 좋고 자신에게도 잘 맞는 방법은 무엇인지 찾아본다. 맨 처음에 고른 방법들에 충분히 익숙해졌거나 써보니 별로 효과가 없다면 다시 목록으로 돌아가서 다른 방법을 골라보자.

추가로 시도해보기

가장 까다로운 과제도 시도해보자. 39가지 방법을 다시 읽어보면서 가장 어렵게 느껴지는 방법 세 가지를 고른다. 그리고 왜 어렵게 느껴지는지 이유를 생각해본다. 예를 들어, 싸울 때 지나간 일을 끄집어내는 경향이 있는 사람은 '현재에 집중한다'를 실천하기가 어렵다고 느낄 수 있다. 가장 실천하기 어려운 방법 세 가지를 골라서 기억해두고, 조만간 써보기로 다짐한다. 실제 상황에서 써보면 자신이 생각보다 유연한 사람이고 의외로 분노를 잘 조절한다는 사실을 깨닫게 될지도 모른다.

딱 24시간만 침착하게 행동하기

알아야 할 사실

여러분이 지금 이 책을 읽고 있는 이유는 변화를 원해서일 것이다. 분노 때문에 오랫동안 힘들었고, 분노 문제가 자신은 물론 소중한 사람들에게 더 이상 영향을 주지 않기를 바라고 있으리라 생각한다. 돌이켜보면 화가 나서 했던 말이나 행동을 깊이 후회했던 적도 많을 것이다. 차분히 부드럽게 말하려고도 애써봤고, 상대를 덜 비난하고 더 많이 이해하려고 또는 화낼 일을 만들지 않고 그냥 넘어가려고도 여러 번 반복해서 노력해봤을 것이다.

하지만 별로 소용없다고 느꼈을 것이다. 몇 시간, 며칠 정도는 그런 다짐을 기억하지만, 분노 버튼이 눌리면 미처 깨닫기도 전에 확고했던 결심이 싹 날아가버린다. 어떻게 그렇게까지 화를 냈는지, 왜 그렇게 자제가 안 되는지 죄책감이 들고, 속상하고, 자괴감도 든다. 그래서 이제는 분노가 또다시 파도처럼 밀려와 휩쓸고 지나가도 무력하게 쳐다보고만 있을지도 모른다. 분노가 속에서 부풀어오르면 마구 소리 지르고 비난하고 싶은 마음이 끓어 넘친다.

분노를 차갑고 깊게, 독한 감정으로 느끼는 사람들도 있다. 이런 감정은 가끔씩 조금 새어나올 뿐 절대 완전하게 해소되거나 나아지지 않는다. 뭔가 크게 잘못된 기분이나 억울한 마음이 가시지 않고, 그 감정에 늘 붙들려서 괴로워한다. 어떤 방법으로도 사라지지 않을 듯한 분노가 내면에 자리 잡아 계속 남아 있다.

분노를 효과적으로 조절하려면 구체적으로 결심하고,

시간을 정해서 실천에 옮겨야 한다. 앞으로 딱 24시간만 침착하게 행동한다는 목표를 세워보자. '침착해지는 것'이 아니라 '침착하게 행동하는 것'이 목표다. 자기 자신에게, 그리고 소중한 사람들에게 이 시간 동안은 공격적으로 행동하지 않고 차분하게 지내기로 맹세하자. 평생 그러라는 것도 아니다. 그건 불가능하다. 앞으로 평생 침착하게 행동하겠다는 건 누구도 지킬 수 없는 약속이다. 일주일도 힘들다. 화가 날 때 튀어나오는 반응이 얼마나 강력하고 습관적인지를 생각하면 일주일이 상당히 긴 시간임을 알 수 있을 것이다. 딱 24시간만 결심하고 실천해보자.

실천 방법

다음과 같은 순서로 실천하자.

1. 사람들에게 알려라. 여러분 인생의 중요한 사람들 모두에게 언제부터 언제까지 무조건 침착하게 행동하겠다고 약속한다. 침착하게 행동한다는 건 소리

지르지 않고, 욕하지 않고, 누구를 때리거나, 비난하거나, 공격하지 않고, 모욕하지 않겠다는 뜻이라고 설명하자. 이 목표는 무조건 지킬 것이며 어떠한 예외나 핑계도 인정하지 않기로 한다. 그 시간 동안 공격적인 행동을 하지 않도록 스스로 주의하고 경계할 것이라고도 이야기하자.

2. 도움을 청하라. 24시간 동안 침착하게 지낸다는 목표는 달성하기 어려울 확률이 높다. 평소에 화를 자주 내고 언제, 어떻게 화낼지 예측이 안 되는 사람은 더욱 그렇다. 그럴수록 다른 사람들의 응원뿐만 아니라 실질적인 도움이 필요하다. 화가 났을 때 튀어나오는 행동이나 말을 하기 시작하면, 가족이나 친구들이 이를 알려줄 수 있도록 몸짓이나 신호를 미리 정해두자. 스포츠에서 심판이 경기 중단을 지시하는 수신호나 야구 심판이 '세이프'를 알릴 때 보여주는 몸동작, "참아, 진정해"라는 의미로 많이 쓰는 손바닥이 아래로 향하는 손동작 등을 활용할 수 있다. 적당한 수신호나 동작을 정하고 언제, 어떻게 쓰면 되는지 글로 써서 사람들에게 알려주자.

3. 화가 났음을 알려주는 수신호나 동작을 기억하고, 누군가

그 신호를 보내면 다시 차분하게 행동할 수 있을 때까지 모든 걸 멈춘다. 정말로 차분해지지 않더라도 차분하게 행동하면 된다는 사실을 잊지 말자.

4. 이 노력이 가져올 장점을 상기한다. 분노를 조절하고 싶은 가장 중요한 이유는 무엇인가? 배우자, 자녀, 친구와의 관계를 개선하고 싶어서? 가족과의 해묵은 상처를 없애고 싶어서? 직장에서 더 인정받거나 승진 기회를 잡고 싶어서? 자긍심과 자부심을 느끼고 싶어서? 위험하거나 큰 대가를 자초하는 행동을 이제는 멈추고 싶어서? 차분하게 행동하고 싶은 가장 크고 중요한 이유를 글로 써두고 필요할 때마다 읽자.

24시간이 지나면 목표 달성을 잘했는지 스스로 평가해보자.

2부

내 안에
숨은
진짜 분노 찾기

분노 관리의 첫 단계는 자신의 분노를 이해하는 것이다. 이 말이 이해가 안 될 수도 있다. 사람들은 가능하면 화내지 않는 것이 분노를 관리하는 가장 좋은 방법이며, 화나는 대로 행동할 위험을 없애려면 되도록 분노를 건드리지 말아야 한다고 생각한다. 하지만 분노를 피해다니면서 분노를 다스리려고 하는 건 낯선 도시에서 지도 없이 길을 찾으려는 것과 똑같다. 길이 어느 쪽으로 어떻게 나 있는지도 모르면서 목적지까지 헤매지 않고 찾아가기란 정말 어렵다.

분노도 마찬가지다. 자신의 분노를 구석구석 들여다보지 않으면 분노를 조절한다는 목표를 달성할 수 없다. 분노를 다스리려면 가까이 다가가서 분노의 면면, 즉 어떤 상황

또는 어떤 일에 화가 나는지, 분노 촉발 요인이 무엇인지 알아야 한다. 그리고 화가 났을 때의 개인적인 경험까지 이해하는 것이 중요하다.

나의 분노 버튼을 누르는 범인은?

알아야 할 사실

화가 갑자기 치민다고 느낄 때도 있지만, 우리의 모든 감정은 어떤 요인이나 자극으로 인해 발생한다. 그게 감정이 기능하는 방식이다. 화가 났을 때, 무엇인지 몰라도 분노를 일으킨 자극은 반드시 존재한다. 그러므로 무엇이 자신의 분노 버튼을 누르는지 알면 분노를 더 확실하게 관리할 수 있다.

어떤 자극이 분노를 일으키는지 찾으려면 그것을 특정한 방식으로 기술하는 것이 중요하다. 경험을 객관적으로 분류하는 기술인 변증법적 행동치료를 활용하면° 분노를 자극한 요인을 있는 그대로 나타낼 수 있다. 화가 나는 상황 또는 경험을 판단하거나 평가하는 대신(그랬다가는 불난 데 기름 붓는 격이 되어 분노가 더 커질 수 있다) 자신이 겪은 일을 정확히 사실대로 기술해야 한다.

예를 들어, 아버지가 한 말 때문에 화가 났다고 해보자. 상황을 객관적으로 기술한다는 건 실제로 일어난 일과 아버지의 말을 정확하게 묘사한다는 의미다. "무례했다"거나 "아버지는 짜증 나는 사람이다" 대신 "오늘 아침에 아버지와 통화했다. 아버지는 지금 내가 하는 일은 인정할 수 없으니 다른 일을 찾아보라고 했다"라고 쓰는 것이다. 사실(아버지가 한 말과 행동)을 자신의 평가("무례했다")나 판단("짜증 나는 사람이다")과 분리해야 한다. 이렇게 경험을 객

° Linehan, 1993b, 2015

관적으로 정리하면 자신의 분노 버튼을 건드리는 구체적인 요인을 찾아서 직접 해결할 수 있고 화가 날 때 스스로 분노를 더 부추기는 일도 막을 수 있다.

처음에는 평가와 판단이 계속 끼어들 것이다. 특히 이 기술을 처음 실천해보는 사람에게는 자연스러운 반응이다. 그럴 때는 머릿속에 떠오르는 평가나 판단에 주의를 기울인 다음, 어떤 일이 있었는지 다시 객관적으로 기술하는 데 집중하면 된다. 판단과 평가를 모조리 없애는 게 목표가 아니다. 그러고 싶어도 불가능하다. 판단과 평가에 너무 붙들리지 않는 것이 중요하다.

다양한 경험과 상황이 분노를 촉발할 수 있다. 일반적으로 분노를 일으키는 자극은 자신의(또는 소중한 사람의) 평온한 삶을 위협하거나, 원하는 것을 가로막는 사람 또는 사물과 관련이 있으며, 이러한 요인은 매우 다양한 형태로 나타난다. 그러므로 무엇이 자신의 분노를 자극하는지 알아내는 게 중요하다.

실천 방법

눈을 감고 최근에 화가 났던 일과 그때 무슨 일이 있었는지 떠올려본다. 그리고 유독 자신을 화나게 하는 상황이나 경험이 있는지 자문해본다. 분노를 촉발하는 요인은 특정 상황이나 사건, 사람 또는 사물이 될 수도 있다.

다음은 일반적으로 흔히 분노를 자극하는 요인들이다. 자신에게 해당되는 항목이 있는지 찾아보자.

- 줄 서서 기다려야 하는 상황
- 원하는 것을 얻지 못함
- 내 말에 동의하지 않는 사람
- 운전 중에 끼어드는 다른 차
- 거절당하는 일
- 꽉 막힌 도로에서 운전하기
- 모욕당하는 일
- 공격당하는 일
- 만성 통증
- 하고 싶은 일을 못함

- 내 의견이나 바람이 받아들여지지 않음

- 고객센터에 연락하기

- 바가지 쓰는 일

- 동물이나 어린이, 다른 사람을 함부로 대하는 사람들

이외에도 분노를 일으키는 다른 상황이 있는가? 있다면 기록해두자.

추가로 알아야 할 사실

화가 갑자기 치솟으면 자신이 해결할 수 없는 문제라고 여기게 된다. 그러므로 분노를 다스리는 방법을 익히려면 자신이 어떤 상황이나 경험에서 화를 내는지 알아야 한다. 감정이나 생각, 스트레스 상황은 예측 불가능할 때 훨씬 난감하게 느껴진다. 그래서 어떨 때 화가 나는지 정확히 알면 분노를 더 수월하게 다스릴 수 있으며, 이 책에서 소개하는 다양한 분노 조절 기술을 어떻게 활용할지도 미리 계획할 수 있다.

내 안에 숨은 진짜 분노 찾기

화가 날 때 내 몸은 어떻게 달라질까?

알아야 할 사실

분노는 에너지를 발산하는 감정이다. 대부분 화가 날 때 몸에서 힘이 난다고 느끼고 더 안절부절못하게 된다. 화가 나면 주로 각성, 활성화와 같은 신체 감각이 동반되는 경향이 있다. 이런 감각이 분노에 동반된다는 건 우리 몸이 필요한 순간 행동할 태세를 갖춘다는 의미다. 분노는 '투쟁–도피 반응'으로 많이 알려진 인체의 고유한 방어 체계 중 한 부분이다. 그래서 화내거나 두려움을 느끼면 팔과 다리를 더 효과적으로 움직여서 스스로를 방어하고, 필요하면 얼른 달아날 수 있도록 혈류 변화가 일어난다. 혈류에 변화가 생기면 심박수와 땀이 증가하고, 시야가 좁아지며(위협이 되는 대상에 주의를 집중하려고), 근육이 긴장한다. 또한 청각이 예민해지고, 생각이 많고 복잡해지며, 호흡이 빨라지고, 입은 바싹 마른다.

두려움을 느낄 때 주로 나타나는 반응은 위험하다고 감지한 것을 피해서 달아나는 행동(도피)이다. 그러나 화가 나면 주로 나타나는 반응은 싸움이다. 앞을 가로막은 것에 다가가거나, 그것을 돌파하려고 하거나, 주변을 맴도는 반응으로 나타난다. 화가 나면 공격적으로 행동하려는 욕구가 자주 생기는 이유가 바로 이 때문이다.

화가 날 때의 신체 변화를 파악하면 자신이 화가 났다는 사실을 인지할 수 있다. 신체 변화가 더 뚜렷해지기 전에 그 상태를 인지하면 분노를 더욱 효과적으로 다스려서 나중에 후회할지 모를 말이나 행동을 자제하게 한다.

내 안에 숨은 진짜 분노 찾기

실천 방법

화가 나면 흔히 다음과 같은 신체 감각이 동반된다. 자신에게 해당되는 항목이 있는지 찾아보자.

- 땀이 많아진다.
- 심박수가 증가한다.
- 심장이 심하게 두근거린다.
- 호흡이 증가한다.
- 근육이 긴장한다.
- 가슴이 비틀리거나 꽉 조이는 느낌이 든다.
- 이를 악다문다.
- 입이 바싹 마른다.
- 시야가 좁아진다.
- 상황이 비현실적으로 느껴진다.
- 얼굴이 붉어진다.
- 곧 폭발할 것 같은 기분이 든다.
- 투쟁-도피 반응이 촉발된다.

목록에 없는 다른 신체 감각을 경험한 적이 있다면 따로 기록해두자.

화가 나기 시작할 때 몸에서 나타나는 작은 변화에 주의를 기울이는 연습을 하자. 신체 감각을 일찍 감지하면 반응을 조절하고 통제하기가 더 수월해진다.

화가 날 때 어떤 생각이 자주 떠오르는가?

알아야 할 사실

화가 나서 떠오른 생각이 분노의 불씨가 될 때도 있고, 어떤 상황을 어떻게 생각하느냐 또는 어떻게 해석하느냐에 따라 분노의 강도가 달라지기도 한다. 크게 화날 수도 있고, 은은하게 짜증이 날 수도 있고, 화가 전혀 안 날 수도 있다.

상대방이 자신의 부탁을 거절하면 화를 내는 사람이 많다. 거절당했을 때 흔히 나타나는 반응 중 하나가 분노이긴 하지만, 그런 상황에서 나올 수 있는 반응이 분노 하나만 있는 것은 아니다. 어떻게 반응할지는 그 상황을 어떻게 해석하느냐에 달려 있다. 자신이 부탁할 자격이 있고 그럴 권리가 있다고 확신한다면 상대방이 거절했을 때 화가 날 수 있다. 부탁하면서도 자신이 그럴 자격이 없다고 생각하거나 이기적이고 바보 같은 부탁을 했다고 생각하면 상대방의 거절에 죄책감이나 민망함을 느낄 수 있다. 중요한 점은 어떤 상황에 대한 각자의 해석이 그 상황만큼이나 감정에 큰 영향을 줄 때가 많다는 것이다.

화가 나면 특정한 사람이나 일 또는 상황에 '부당하다', '공정하지 않다', '잘못됐다', '그러면 안 된다'고 몰두하는 경향이 있다. "○○ 했어야지" 또는 "부당하다"는 표현이 들어간 생각이 떠오른다면 분명 분노와 엮인 판단이라고 할 수 있다. '있어서는 안 되는 일'이라거나 '그 일은 그렇게 되지 말았어야 한다', '그 사람은 그러지 말았어야 한다', '공정하지 않다'와 같은 생각이 떠오르면 한발 물러나

내 안에 숨은 진짜 분노 찾기

서 지금 자신이 화가 나서 그런 것은 아닌지 짚어볼 필요가 있다.

화가 날 때는 "○○ 했어야지", "부당하다" 말고도 다른 여러 생각이 떠오를 수 있다. 그리고 자기 자신에게 화가 나면 타인에게 화가 날 때와는 다른 생각이 떠오를 가능성이 있다. 분노를 느낄 때 자신이 어떻게 반응하는지 더 자세히 알고 싶다면, 화가 났을 때 어떤 생각이 떠오르는지 확인하는 게 중요하다.

실천 방법

화가 나면 떠오르는 특정한 단어나 문구 또는 생각이 있는가? 분노를 느낄 때 자신이 다음과 같은 생각이나 해석을 떠올리는 경향이 있는지 확인해보자.

- "이런 일은 일어나지 말았어야 해."
- "부당해."
- "옳지 않아."

- "그 사람은 그러지 말았어야 했어."

- "멍청한 놈!"

- "○○가 정말 싫어."

- "정말 불공평해."

- "그 사람들은 ○○했어야만 해."

- "그 사람은 (혹은) 그 일은 잘못됐어."

- "다들 나만 갖고 그래."

목록에 없지만 화가 날 때 자주 떠오르는 다른 생각이 있는가? 그렇다면 그 생각을 기록해두자. 화가 막 나려고 할 때, 즉 화가 극도로 치밀기 전에 자신이 화내고 있다는 사실을 알면 분노를 쉽게 다스릴 수 있다.

화가 날 때
주로 보이는 행동은?

알아야 할 사실

화가 났을 때 자신이 어떤 식으로 반응하는지 주의 깊게 살펴보면 감정이 일으키는 행위, 즉 행동이 가장 먼저 눈에 띈다. 감정이 일으키는 생각이나 신체 감각을 인지하기도 전에 특정한 행동을 하고 싶은 충동을 느낄 수 있다. 예를 들어, 친구에게 소리를 지르거나 주먹으로 벽을 치는 등 분노를 행동으로 표출한 다음에야 자신이 화내고 있다는 사실을 깨닫기도 한다.

여러분은 화가 나면 무엇을 하고 싶어지는가? 특정한 방식으로 반응하고 싶은 충동이 드는가? 소리를 지르거나, 뭔가를 던지거나, 치고 싶은가? 화가 날 때 자신이 어떤 행동에 충동을 느끼는지 알아두면 나중에 후회할지도 모를 행동을 바로 멈추고 다시 생각해보는 데 도움이 된다.

실천 방법

화가 나면 어떤 식으로 말하거나 행동하고 싶어지는가? 화가 났을 때 다음과 같은 충동이 드는지 생각해보자.

- 싸움을 건다.
- 목소리를 높인다.
- 고함을 지른다.
- 물건을 던진다.

내 안에 숨은 진짜 분노 찾기

- 뭔가를 주먹으로 때리거나 친다.

- 자신을 방어하려고 한다.

- 자신이 원하는 것을 강하게 요구한다.

- 뭔가를 망가뜨린다.

- 누군가를 보호하려고 한다.

- 자해한다.

- 누군가와 맞선다.

- 의견을 고집한다.

　자신에게 해당되는 충동이 있다면 따로 기록해두자. 화날 때 목록에 없는 다른 충동도 느낀다면 함께 써둔다.

　이제 화가 날 때 자신이 실제로 어떻게 행동하는지 생각해보자. 긍정적인 행동과 부정적인 행동이 모두 포함된다. 자신이 분노를 건강하게 표현하고 있다는 사실을 아는 것이, 아무 소용없는 방식으로 화를 표출하고 있다는 사실을 아는 것만큼 중요하다. 그래야 노력이 필요한 부분을 찾는 동시에 자신이 가진 장점과 기술을 강화할 수 있다. 다음 항목 중에 화가 났을 때 실제로 하는 행동이 있는가?

- 싸움을 건다.

- 목소리를 높인다.

- 고함을 지른다.

- 물건을 던진다.

- 뭔가를 주먹으로 때리거나 친다.

- 자신을 방어하려고 한다.

- 자신이 원하는 것을 강하게 요구한다.

- 누군가를 보호하려고 한다.

- 자해한다.

- 누군가와 맞선다.

- 의견을 고집한다.

- 뭔가를 망가뜨린다.

- 특정한 행동을 취한다.

- 다른 사람을 위협한다.

- 다른 사람을 비난한다.

- 다른 사람의 편을 든다.

- 자책한다.

- 불만을 토로한다.

내 안에 숨은 진짜 분노 찾기

자신에게 해당되는 행동이 있으면 기록해두고, 목록에 없지만 화가 날 때마다 하는 다른 행동이 있으면 함께 써둔다.

　이번 연습을 통해 무엇을 알게 됐는지 생각해보자. 화가 나면 충동대로 행동하는 편인가? 아니면 상황마다 다른가? 예를 들어, 이 연습을 통해서 자신이 화가 나면 목소리를 높이고, 소리 지르고 싶은 충동을 느끼며, 실제로도 그렇게 한다는 사실을 깨달을 수도 있다. 또는 반대로 누군가를 주먹으로 때리거나, 뭔가 망가뜨리고 싶은 충동이 들지만 그 충동을 행동으로 옮긴 적은 한 번도 없음을 알게 될 수도 있다.

어떤 일에 얼마나 자주 화를 내는가?

알아야 할 사실

분노 때문에 곤란한 상황이 생기는 가장 흔한 원인은 분노의 퓨즈가 너무 쉽게 끊어지는 것이다. 뭔가 거슬리면 곧바로 폭죽처럼 폭발해버리는 사람들이 있다. 이런 사람들은 대다수가 그냥 무시하고 넘어가는 일은 물론이고 거의 만사에 화를 내는 편이라 "예민하고 항상 날이 서 있다"라는 말을 듣는다.

평소에 자신이 어떤 일에 화를 가장 많이 내는지 생각해보자. 아침부터 식탁에서 다투는 아이들? 출근길에 앞으로 끼어드는 차? 동료의 '멍청한' 말? 사소한 문제가 생겨 일이 계획대로 정확히 진행되지 않는 것? 저녁 식사 중에 연인이나 배우자가 별것 아닌 일로 자신을 무심코 비난하는 일? 아무리 찾아도 나오지 않는 TV 리모컨? 밤늦게 걸려온 광고 전화? 부족한 돈으로 청구서를 해결하는 일? 수면 부족으로 자꾸 툭툭거리고 짜증을 내는 것?

화를 얼마나 자주 내는지도 생각해보자. 시간마다? 하루에 두 번 정도? 아침마다? 또는 밤마다?

실천 방법

작은 수첩과 필기구를 일주일 동안 갖고 다니자. 아침마다 새 페이지로 넘겨 화가 날 때마다 수첩에 표시를 남긴다. 아주 조금 화가 난 것도 빼먹지 말아야 한다. 시간이 충분

할 때는 무슨 일이 있었고, 왜 화가 났는지 추가 정보를 써도 좋지만 필수는 아니다. 매일 화를 몇 번 내는지 직접 횟수를 세어보는 게 목표다.

추가로 시도해보기

화내지 않으려고 노력하거나, 화가 났을 때 감정을 가라앉히려고 긍정적인 말이나 행동을 할 때마다 수첩에 표시하는 것도 좋은 방법이다. 예를 들어, 가족 중 누군가에게 칭찬을 하고 그때마다 수첩에 표시해보자(또는 어떤 상황이었는지 구체적으로 작성한다). 고약한 싸움을 피하려고 잠시 그 자리에서 나갔다 오거나, 마음을 진정시키려고 심호흡하거나, 긴장을 푸는 방법을 실천했을 때도 표시를 남긴다.

화가 났을 때 차분해지려고 떠올린 생각들을 수첩이나 일기에 써두는 것도 훌륭한 방법이다. 이처럼 긍정적으로 말하고 행동하려는 적극적인 노력은 화를 다스리는 데 도움이 되며, 이를 통해 화를 부추기는 부정적인 생각과 행동을 화를 가라앉히는 긍정적인 생각과 행동으로 대체할

내 안에 숨은 진짜 분노 찾기

수 있다.

한 가지 주의할 점은 있다. 예민하게 날 선 기질이 완전히 사라지리라고 기대하면 안 된다. 분노는 미처 막기도 전에 단숨에 거세게 타오르기도 한다. 누가 듣기 싫은(적어도 스스로 느끼기에) 말을 하자마자 폭발하듯 아드레날린이 분출되는 익숙한 느낌이 올라오고, 근육이 바짝 긴장하면서 당장 공격하고 싶은 충동이 일어난다.

그때가 결정적인 순간이다. 아드레날린이 갑자기 폭발한다고 해서 반드시 행동으로 옮겨야 하는 것이 아님을 잊지 말자. 감정을 다 터뜨릴 필요는 없다. 이미 분출된 아드레날린은 자연스럽게 흘러가도록 두고 어떤 느낌이 드는지 살펴보자. 마치 다른 사람에게 일어난 일처럼 약간 거리를 두고 지켜본다. 30초 정도만 잠자코 기다리면 급격히 치솟았던 아드레날린의 영향이 옅어지면서 금세 전부 사라진다. 그러느라 상대방이 던진 말이나 행동을 되갚아줄 기회를 놓친다면? 물론 그럴 수도 있다. 하지만 그게 중요한가? 정말로 중요한 건 당장 공격할 뻔했던 충동을 스스로 조절했다는 사실이다. 그것이 분노 관리의 핵심이다.

나의
분노 강도는?

알아야 할 사실

분노는 감정이다. 뭔가 잘못됐음을 알려주고, 행동할 수 있는 에너지를 주며, 목표 달성에 도움이 되기도 한다. 하지만 분노를 보는 관점을 올바르게 지켜야 한다. 그렇지 않으면 조금만 거슬려도 화내고 과잉 반응하게 된다. 자신이 화를 어느 정도로 내는지 강도를 확인해보면 현재 상태를 판단하는 데 도움이 될 수 있다. 다음에 몇 가지 방법이 나와 있다.

실천 방법

화가 날 때 느끼는 분노의 강도를 0~10점 범위로 점수를 매겨본다. 0점은 "전혀 화가 안 난다"이고 5점은 "꽤 화가 나지만 아직은 조절할 수 있다", 10점은 "너무 화가 나서 전혀 자제가 안 된다"이다.

분노 문제를 겪는 사람들은 대부분 자신의 분노를 7~10점으로 평가한다. 화가 조금 나는 경우는 거의 없고 사소한 자극에도 화를 심하게 내는 경향이 있다.

이번에는 스스로 느끼는 분노의 강도가 아니라 화가 난 일에 0~10점 범위로 점수를 매겨보자. 그 일은 얼마나 심각한 문제였나? 큰 문제였나, 아니면 별일 아니었나? 또는 그 중간쯤?

이제 이번 장에서 이야기하려는 핵심을 이해했을 것

이다. 사소한 일에도 강하게 화를 낸다면 분노 문제가 심각한 상태임을 알 수 있다.

분노 강도는 '온도 지수'로도 평가할 수 있다. 사람들은 자신이 얼마나 화가 났는지 온도에 비유해서 표현하곤 한다. "속이 펄펄 끓었다니까"라거나 "열을 식히려고 했다", "열불이 나서 머리가 뜨거워졌어", "얼음만큼 냉정함을 지켰어", "너무 화가 나서 머리에서 김이 나는 것 같아", "목덜미가 뜨끈뜨끈해지더라니까" 같은 표현이 그렇다.

분노 강도를 온도로 나타내는 것은 일리가 있다. 분노는 위협이나 위험을 느낄 때 나타나는 반응이며 이 때문에 화가 나면 체온이 올라간다(76쪽 실천 12 참고). 그러한 상황에서는 투쟁-도피 반응이 자연스럽게 일어나 더 빨리 달리고, 팔의 힘도 세지고, 몸 전체가 어떤 상황에도 대응할 수 있도록 더 많은 에너지가 동원된다. 그래서 화가 날 때 몸이 더워지는 건 자연스러운 반응이다.

분노 강도를 0~10점 범위로 수치화하는 방식이 별로 도움이 안 된다면, 특정한 상황에서 몸에 열이 얼마나 나는지 살펴보자. 그리고 어떤 말이나 행동을 하기 전에 몸의 열을 식힐 필요가 있지 않은지 자문해본다.

특정 상황에서 얼마나 화가 났는지 스스로 좀 더 쉽게 판단할 수 있도록 '분노 온도계'를 만들어보는 것도 좋은 방법이다. 다음과 같은 형태로 온도계 눈금마다 적절한 표현으로 분노의 강도를 나타낼 수 있다.

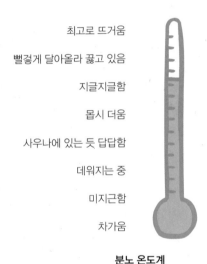

최고로 뜨거움

뻘겋게 달아올라 끓고 있음

지글지글함

몹시 더움

사우나에 있는 듯 답답함

데워지는 중

미지근함

차가움

분노 온도계

뇌가 상황을 과도하게 해석하는 이유는?

알아야 할 사실

"화가 났을 때 제발 딱 1~2분만 입을 좀 다물 수 있으면 좋겠어요." 니나의 말이다. "제 입에서 나온 첫 마디를 후회할 때가 많거든요." 니나의 문제는 짜증을 느끼자마자 입 밖으로 부정적인 반응이 튀어나오는데 그걸 스스로 막지 못한다는 점이다. 공격당한 기분이 들거나 모욕감을 느끼면 곧바로 그런 식으로 반격한다. 그래서 자신에게는 행동으로 옮기기 전에 진정해야 한다거나 잠시 상황을 생각해보라는 내면의 목소리 같은 건 아예 없다고 느낀다.

"아내는 제가 욕설을 퍼붓거나 물건을 집어던지는 걸 정말 싫어합니다." 제시의 말이다. "아내는 과잉 반응이라고 하지만, 전 너무 화가 나면 뭐라도 해야 풀려요. 화를 참기만 하는 건 건강에도 해롭지 않나요?" 제시는 뇌에 감정을 정교하게 조절하는 버튼 대신 켜고 끄는 스위치만 있는 사람처럼 행동한다. 그리고 실제로 생긴 문제에 비해 말과 행동이 심한 편이다. 게다가 자신의 분노를 두 가지로 정당화한다. 도저히 냉정을 유지할 수가 없는 상황이라고 확신하고, 건강을 위해서는 화를 분출해야 한다고 주장한다.

실천 방법

니나와 비슷한 일을 겪고 있다면, '시간을 벌어보자'라는 말을 항상 떠올리자. 화가 나면 뭐든 행동으로 옮기기 전에 잠시 기다리면서 시간을 벌어보자고 결심하는 것이다. 하루에 여러 번, 최소 일주일 동안은 '시간을 벌어보자'라는 말을 반복해서 떠올려본다.

제시와 비슷한 일을 겪고 있다면 '자제력을 잃지 말자'라고 혼잣말을 해본다. 자신의 행동은 전적으로 스스로가 책임져야 한다. 화가 났을 때 욕설을 퍼붓는 게 한 가지 방법이 될 수 있지만, 반드시 그래야 하는 것은 아니다. 하루에 몇 번씩, 최소 일주일 동안은 '자제력을 잃지 말자'라는 말을 반복해서 떠올린다.

추가로 알아야 할 사실

너무 급하게 화내거나 너무 과하게 화내는 이 두 가지 문제는 짜증 나는 상황을 위협으로 여길 때 흔히 발생한다. 뇌가 상황을 잘못 해석해서 문제를 훨씬 심각하게 받아들이는 바람에 생기는 일이다. 따라서 이런 해석에 빠지지 않도록 냉정해질 필요가 있다.

위협이 되는 자극은 뇌에서 두 가지 경로로 처리된다.

하나는 지름길에 해당하는 경로로, 시상하부에서 편도체로 메시지가 곧장 전달되어 즉각적인 행동으로 이어진다. 길을 가다가 깡패를 만났을 때처럼 금방이라도 위험에 처할 수 있는 상황에서 이 반응 경로는 매우 중요한 역할을 한다.

다른 하나는 더 나중에 형성된 경로로 뇌에서 정보를 더 높은 수준으로 처리하는 새로운 영역을 거치는 경로다. 따라서 정보가 처리되는 속도가 느리고 반응 시간도 길어서 더 신중히 반응하게 된다. 반응 속도가 빠른 경로는 갑자기 트럭이 돌진할 때와 같은 즉각적인 위험이 닥쳤을 때 가장 큰 효과를 발휘하고, 반응 속도가 느린 경로는 우리가 일상적인 상황에서 흔히 겪는 성가신 일들처럼 크게 위협적이지 않은 상황에서 큰 효과를 발휘한다.

지름길 경로로 일어나는 반응은 속도가 너무 빠르고 대부분 의식적인 조절이 불가능하므로 막을 수가 없다. 분노를 조절하고 싶다면 반응이 느린 경로를 거쳐서 나오도록 해야 한다. 그러려면 화를 자극하는 상황에 놓였을 때 더 나은 반응이 나올 수 있도록 생각할 시간을 벌어야 한다. 화가 날 때 잠시 그 자리를 벗어났다가 돌아오는 것은 급하게 과잉 반응할 위험을 줄일 수 있는 가장 좋은 방법이다.

추가로 시도해보기

다른 방법도 있다. 화가 뻗칠 때마다 속으로 이렇게 말해보
는 것이다. '잠깐, 지금 뇌가 잘못 받아들이는 거야. 난 위험
하지 않아. 이렇게 난리 칠 필요 없어. 과잉 반응할 필요가
없다고. 뭐라고 말하거나 행동하기 전에 시간을 벌어야 해.'
이 방법의 핵심은 뇌의 반응에 의도적으로 끼어들어서 과
도한 반응을 막는 것이다. 이를 통해 뇌가 지름길 대신 느
린 경로로 정보를 처리하도록 만들 수 있다.

　　물론 쉽지 않다. 상황을 전달하는 메시지가 일단 지름
길 경로에 들어서면 인체는 곧바로 싸울 태세에 돌입한다.
그래도 방향을 바꾸겠다는 의지를 확고하게 밀고 나가야
한다. 뇌를 바른길로 인도해야 할 어린아이라고 생각하자.
아이가 고속도로로 나가거나 곁길로 새지 않도록 지켜줘야
한다. 어떻게든 방향이 바뀌도록 애쓸 때마다 뇌가 느린 경
로를 택할 확률도 점점 높아진다. 방향을 바꾸려고 들이는

시간도 점차 줄어들 것이다. 그렇게 노력하다 보면 뇌가 어떻게 해야 하는지 깨닫고, 화가 슬슬 올라올 때마다 알아서 느린 경로로 상황을 처리한 다음에 반응하게 된다.

왜 이렇게
진정하기 힘들까?

알아야 할 사실

분노는 메신저다. 인생에 뭔가 잘못된 것이 있다는 사실과 위험에 처하거나 앞길을 가로막는 게 있다는 것을 알려준다. 그럴 때 분노는 위협과 맞서거나 길을 막는 장애물을 치우라고 제안하는데, 이런 메시지를 '내 말 들어! 내 말을

들어! 내 말을 들어야 해!'라고 고래고래 시끄럽게 전달하는 경우가 많다.

여러분이 화를 내면 배우자나 연인, 친구, 동료, 자녀, 형제들, 고객, 심지어 생전 처음 본 낯선 사람까지도 무슨 일인지 대화를 해보려고 한다. 그 일에 관해 이야기를 나눠보고, 안전하다고 알려주거나, 지금 길을 가로막는다고 생각하는 장애물을 어떻게 해야 없앨 수 있을지 의논하려고 한다. 하지만 화가 난 사람의 귀에는 그 말이 들리지 않는다. 모두가 대화하려고 애쓰는데 혼자 시끄러운 음악이 울리는 헤드폰을 쓴 것처럼 군다. 분노가 생각할 수 있는 여유 공간을 다 차지해버린 것이다. 우선 시끄러운 헤드폰부터 벗어야 한다. 분노 스위치를 끄거나 상대방이 하는 말이 들릴 정도로 헤드폰 볼륨을 낮춰야 한다.

실천 방법

시간을 벌 수 있도록, 하던 걸 멈추고 쉬는 시간을 갖자. 화장실에 다녀오거나 밖으로 나간다. 주방에 가서 간식을 하나 먹고 와도 좋다.

혼자 있게 되면 몇 번 심호흡하고 긴장을 풀려고 해본다. 스스로 이렇게 말해보자. '고맙다, 분노야. 네 메시지는 잘 받았어. 그런데 소리 좀 그만 질러줄래? 난 생각을 좀 해봐야겠거든.' 그리고 다시 몇 차례 심호흡한다. 돌아와서 다시 대화할 때는 상대방이 하는 말을 집중해서 듣는다.

추가로 알아야 할 사실

잠깐의 휴식으로는 해결이 안 될 때도 있다. 아무리 진정하고 다시 대화하려고 해도 도저히 차분해지지 않으면 휴식 시간을 좀 더 길게 가질 필요가 있다. 그런데 화가 나면 왜 이렇게 진정하기가 힘든 걸까?

화가 뻗칠 때 똑바로 생각하지 못하고 생산적인 대화가 불가능해지는 건 지극히 당연한 현상이다. 강한 분노는 원시적인 생존 본능을 깨운다. 타협해서 서로에게 유리한 해결책을 찾는 것이 아니라 어떻게든 살아남는 게 목표가 된다. 따라서 인체는 투쟁-도피 반응에 돌입한다. 근육이 긴장하고, 경계심이 높아지고, 혈압이 치솟는다. 혈압이 지나치게 올라간 상태에서는 의미 있는 대화를 나눌 수가 없다. 싸울 거냐 도망갈 거냐의 선택지는 곧 싸울 거냐 생각할 거냐의 문제가 된다.

이런 상황에는 '범람'이라는 표현이 잘 어울린다. 분노를 마음속에 흐르는 강이라고 생각하면, 그 강은 수시로 범람해서 '논리'나 '타협', '배려', '침착함'이라는 이름이 붙은 마을을 덮친다.

분노의 강물이 늘 천천히, 조용히 흐르는 사람들은 범람하는 속도가 느리다. 반대로 물살이 세고 위험할 정도로 빠르고 거친 사람들이 있다. 이런 상태로 길고 좁은 협곡과 만나면 최악의 상황이 발생할 수 있다. 그곳이 유일한 물길이라면 깊고 좁은 골짜기를 평화롭게 걷다가도 갑자기 급류가 쏟아져서 목숨을 걸고 버둥대는 위기에 처하게 된다.

범람해버린 분노가 가라앉으려면 시간이 얼마나 걸릴까? 그건 각자가 가진 뇌와 몸에 따라 다르다. 심하게 격분했다가도 몇 분 만에 진정하는 사람도 있고, 하루나 이틀이 지나야 마음이 가라앉는 사람도 있다.

추가로 시도해보기

홍수를 막는 데 걸리는 시간도 중요한 요소다. 화를 가라앉히는 데 시간이 얼마나 걸리는지 아직 모른다면, 화가 났을 때 심박수를 재보자. 분당 100회가 넘으면 잠시 쉬면서 진정할 필요가 있다. 그러면서 심박수가 분당 100회 이하로 떨어지기까지 얼마나 걸리는지 확인한다. 단, 화를 가라앉히기 위해 쉬면서 화가 난 이유를 생각하기 시작하면 심박수가 다시 빠르게 오를 수도 있다.

분노가
원망이 되지 않으려면?

알아야 할 사실

분노는 문제가 생겼음을 알려주는 신호가 되기도 한다. 그럴 때 분노에는 이런 메시지가 담겨 있다. "이봐, 지금 뭔가 내 앞길을 막고 있어. 치워버려야 해." 이 신호가 전달됐을 때 생산적으로 반응해서 분노가 자연스럽게 흘러가게 만드는 것이 우리의 목표다.

하지만 정말로 문제가 생겼다면? 예를 들어, 십 대 자녀가 며칠째 방을 전혀 안 치우는 상황을 생각해보자. 화가 나서 아이를 혼내고 당장 방을 치우라고 했지만 아이는 말을 듣지 않고 툴툴대더니 나가버린다. 사흘 후에 다시 봤을 때도 방은 여전히 엉망이다. 화가 단단히 나서 다시 치우라고 이야기한다. 아이는 또 무시한다. 이런 일이 계속 반복된다.

분노가 쌓이고 또 쌓이면 서서히 원망이 된다. 원망으로 확장된 분노는 단거리 경주로 끝날 일이 마라톤 경기가 된 것과 같다.

실천 방법

원망을 해결하는 몇 가지 방법이 있다. 그중에서도 용서하는 방법은 나중에 설명하겠다. 먼저 이번 장에서는 누군가를 원망할 때 나타나는 주요한 특징을 살펴보고 그 감정에 짓눌려 있는 건 아닌지 확인해보자. 다음 중 익숙한 내용이 있는가?

- 누군가에게 화나는 감정과 그 일에 관한 생각을 도저히 떨칠 수가 없다.
- 누군가의 긍정적인 점은 다 무시하고, 주로 나쁜 점만 생각한다.
- 때로는 원망하는 사람을 진심으로 증오한다.
- 나를 화나게 만든 사람을 내가 싫어하는 일을 했다고 생각하기보다 그냥 나쁜 사람이라고 여긴다.
- 싫어하는 사람을 생각하는 데 너무 많은 시간을 쏟아서 삶의 질이 나빠졌다.

자신에게 해당되는 항목이 한 개 이상이라면, 분노가 원망으로 바뀌었다고 볼 수 있다.

추가로 알아야 할 사실

"다른 사람이 여러분의 뇌를 공짜로 차지하도록 두면 안 됩

니다." 에드는 술을 끊으려고 오래전에 가입한 알코올중독자 모임에서 이런 말을 남겼다. 알코올중독 치료를 받은 지난 10여 년간 에드는 여러 번 술을 다시 입에 댔는데, 그 이유는 갈수록 커지는 분노 때문이었다. 처음에는 분노가 마음속에 이리저리 굴러다니는 작은 조약돌 크기였지만 시간이 흐르면서 큰 돌이 되었고, 나중에는 바위처럼 커지더니 결국 산이 되었다. 분노가 커질수록 허비하는 시간과 에너지도 늘어났다. 헤어진 아내, 전 직장 상사, 관계가 소원해진 딸을 비롯해 온종일 여러 사람을 떠올리며 그 사람들이 자신에게 얼마나 못되게 굴었는지 생각했다. 급기야 전부 악마 같은 인간들이라고 여기기에 이르렀다. 에드는 그때 자신이 "증오심에 잡아먹힌 기분"이었다고 말했다. 분노가 뇌와 몸 전체를 차지해서 더 이상 감당할 수 없는 지경이 되었다.

그래서 또 술을 마시기 시작했다. 술은 고통을 잊으려는 절박한 노력이었다. 하지만 그 노력은 역효과만 가져왔다. "전 잊으려고 술을 마셨지만, 술을 마실수록 분노는 더 커졌어요. 술에 취하면 떠오르는 온갖 기억을 지우려고 술을 더 많이 마셨습니다." 에드는 5년째 금주 중이라는 말로 발표를 마쳤다. 매일 아침과 저녁에 원망을 흘려보내고 인생의 좋은 것들을 떠올리며 감사하는 시간을 따로 가진 것이 금주 성공의 비결이었다.

에드의 사례에서 우리는 두 가지 중요한 교훈을 얻을 수 있다.

첫 번째 교훈은 원망을 붙들고 살면 인생을 망친다는 것이다. 원망을 흘려보내고 나면 그걸 붙들고 있느라 시간과 에너지를 얼마나 끔찍하게 낭비했는지를 깨닫게 된다. 하지만 붙들고 있는 동안에는 그 사실을 전혀 알지 못한다. 오히려 당연히 분노할 만한 일이라고 확신한다. '그 사람이 나한테 어떻게 했는지 봐. 어떻게 생각을 안 할 수가 있어? 복수하고 싶은 게 당연하잖아? 내가 왜 그 인간을 그만 미워해야 해?' 이런 생각이 든다. 그럴 때 원망은 절망의 바다에서 목숨을 구해줄 뗏목처럼 느껴진다. 사실 물이 그리 깊지 않다는 것도 모른다. 뗏목을 흘려보내야만 비로소 뭍으로 무사히 돌아올 수 있다.

두 번째 교훈은 긍정적인 습관을 기르고 매일 실천하면 원망을 흘려보내는 데 도움이 된다는 것이다. 원망은 영혼의 가장자리를 서성이다가 슬그머니 끼어들어 찰싹 들러

붙는 경향이 있고, 떨쳐내면 언제든 돌아올 기회를 노린다. (이는 중독과 비슷한 특징으로, 원망은 중독만큼 헤어나기 어렵다.) 하지만 일상생활에 유익한 습관을 들이고 매일 실천하면 원망 말고도 떠올릴 수 있는 좋은 생각이 더 많다는 사실을 상기할 수 있다. 에드는 하루에 두 번 시간을 내서 원망 대신 감사한 일을 먼저 떠올렸고, 화나는 일보다 즐거운 일을 먼저 생각했다. 이런 노력은 도움이 됐다.

여러분도 구명보트인 줄 알았던 분노의 뗏목을 흘려보내고 인생의 바다에서 자유롭게 헤엄칠 준비가 되었나? 원망을 가라앉히는 데 도움이 될 만한 습관이나 생활 방식을 찾았는가?

내 안에 숨은 진짜 분노 찾기

화를 내면
얻을 수 있는 것은?

알아야 할 사실

화를 쏟아낼 때마다 벌을 받는다면 화내지 않으려는 노력
도 수월해질 것이다. 하지만 현실은 그렇지 않다. 실제로는
화를 내면 오히려 보상이 생겨서, 굳이 화를 안 내려고 노
력할 마음이 들지 않을 수도 있다. 보상이 꼬박꼬박 생기진

않더라도 꾸준히 화를 낼 만큼은 충분히 원하는 결과를 얻고 있을 것이다. 그러므로 분노가 자신에게 어떤 이득을 주고 있는지 정확하게 파악할 필요가 있다. 그래야 그 정보를 토대로 화를 내고 얻는 보상을 포기하고 더 나은 삶을 만들겠다는 판단을 내릴 수 있다.

실천 방법

다음은 화를 내거나 쭉 화가 난 상태로 지낼 때 흔히 얻게 되는 몇 가지 보상이다. 여러분이 느끼는 분노와 관련된 항목이 있는지 찾아보자.

- 화내면 원하는 걸 얻는다.
- 화를 내서 사람들을 밀어내면 혼자 있을 수 있다.
- 남들이 내 말을 똑바로 듣게 하려고 화를 낸다.
- 사람들이 날 좀 내버려두길 원해서 화를 낸다.
- 내 일은 내가 알아서 하며, 사람들에게 화내는 것은 잔소리하지 말라는 경고다.

- 화를 내면 통제력이 생긴 기분이 든다.

- 화내는 걸로 불안이나 슬픔 같은 다른 감정을 피한다.

- 화내면 사람들을 마음대로 휘두를 수 있다.

- 내가 화낼 때 사람들이 두려워하는 게 좋다.

- 꼭지가 돌았을 때 한 행동은 책임질 필요가 없다.

- 수치심과 죄책감, 낮은 자존감을 나 자신에게,
  그리고 남들에게 감추려고 화를 낸다.

- 화내면 사람들이 나를 더 존중해주므로 지위가 높아진
  기분이 든다.

- 화낼 때 느껴지는 강렬함에 살아 있는 기분이 들고
  힘이 난다.

- 화내면 사람들이 내게 더 관심을 기울인다.

여러분이 느끼는 다른 보상도 있는가? 있다면 추가로
기록해보자.

추가로 시도해보기

화를 냈을 때 어떤 보상을 얻는지 알았다면, 이제 그 보상의 무게를 분노로 치르는 대가의 무게와 비교해봐야 한다. 실천 2(22쪽)로 돌아가서 화를 낼 때 곧바로 발생하는 대가와 장기적으로 감수해야 하는 대가를 떠올려보는 것도 한 가지 방법이다. 분노 때문에 멀어진 사람들, 경제적인 손실, 정신적인 괴로움, 불필요한 고통을 생각해보자. 분노로 생기는 불이익은 분노로 얻는 이득보다 훨씬 크다. 그렇지 않고서야 지금 이 책을 읽을 이유도 없었을 것이다.

득보다 실이 훨씬 큰데도 계속 분노에 매달리는 이유는 무엇일까? 보상을 먼저 얻기 때문이다. 일단 고함부터 지른 다음에 후회하는 것이다. 즉각적인 만족감이 장기적인 행복보다 1순위가 되는 경우는 많다. 마약 중독자나 강박적으로 돈을 쓰는 사람들의 이야기를 들어보면 정확히 알 수 있다.

다른 가능성도 있다. 분노가 습관으로 굳어버려서 벗어나지 못할 수도 있다. 화내는 게 아무 생각 없이 자동으로 터져 나오는 반응이 된 것이다. 전혀 화낼 상황이 아닌

데도 거의 모든 일에 분노로 반응한다. 화내는 것이 인생을 사는 기본 방식이고 항상 활성화되어 있어서 그것을 끄는 법을 모르는 상태일 수도 있다. 이런 경우, 화를 내고 얻는 보상은 분노에 큰 영향을 미치지 못한다. 일단 습관이 되면 보상이 없어도 수십 년씩 지속된다. 그냥 화가 나니까 화를 내는 사람이 된다. 여러분의 분노도 습관은 아닌지 생각해 보자. 습관이라면 벗어날 의향이 있는가?

3부

현재에
집중하기 위한
분노 관리법

분노 관리 기술을 잘 활용하려고 아무리 노력해도 때로는 화를 자극하는 상황이 모든 걸 압도한다. 그런 일을 겪으면 기운이 빠지고 안 좋은 대가도 따른다. 화가 치밀 때 심하게 공격적인 행동이나 파괴적인 행동을 하는 사람이라면 더욱 그렇다.

그래도 포기하지 마라. 지금까지 해온 노력을 돌아보면 잘될 때도 있고, 안 될 때도 있고, 상당히 들쭉날쭉했을 것이다. 못 참고 터져버린 시기도 있고, 꽤 효과적으로 분노를 잘 이겨낸 시기도 있을 것이다. 화를 촉발하는 여러 원인 중에 유난히 견디기 힘든 것도 있었을 것이다. 그래서 지나온 과정을 그래프로 그려보면 톱니처럼 들쭉날쭉한 모양이 된다. 하지만 이 책에서 소개하는 방법을 활용한다면 처음 분노 관리를 시작했을 때보다 화내는 빈도가 줄고, 화를 내더라도 강도가 줄어들 가능성이 크다.

견디기 힘들 만큼 분노 자극이 클 때는 어떻게 해야 할까? 또는 화가 나는 만성적인 문제나 갈등이 있다면? 3부에서는 분노의 덫에 걸렸을 때 빠져나올 수 있는 효과적인 몇 가지 전략을 소개한다.

화나는 일에
집착을 버려라

알아야 할 사실

분노에 불안감이 섞이면 아무 생각도 못 하는 상태가 된다.
거슬리는 일에 초조함이 더해지면 분노가 《잭과 콩나무》에
나오는 줄기처럼 쑥쑥 자라난다. 머릿속에서 날뛰는 생각
만큼 분노가 급속히 자라나 하늘까지 치솟고, 옆으로도 확

장되어, 화 나는 일 외에는 아무것도 보지 못하고 생각도 하지 못한다. 분노가 온 세상이 되고 인생에서 유일하게 중요한 일이 된다. 분노는 불도그와도 같아서 한 번 물면 쉽사리 놔주지 않는다. 더 최악은 화내는 시간이 길어질수록 분노가 더 강해진다는 점이다. 처음에는 초조하게 짜증을 내는 정도였다가도 나중에는 펄펄 열을 내게 된다. 그런 상태에서는 감정이 사고능력을 다 짓밟아서 문제를 해결할 수 있는 좋은 방법을 떠올리지 못하고 오로지 화나는 일에만 집착하게 된다.

실천 방법

화나는 일에 대한 집착을 버리는 데 도움이 되는 생각을 세 가지 이상 떠올려보자. 다음은 몇 가지 예다.

- 이게 심각한 문제인 건 맞지만 생사가 달린 일은 아냐.
- 내 인생의 좋은 일들도 생각해보자.
- 그냥 내려놓고 신의 손에 맡기자.

- 분노가 내 인생을 좌우하게 내버려두진 않을 것이다.

- 분노가 내 인생을 망치게 두지 말자.

각자 떠올린 생각을 종이에 써서 지갑이나 옷 주머니, 가방에 넣고 다니자. 아침마다 또는 화가 나려고 할 때마다 꺼내서 읽자.

분노가 생각을 지배하게 두지 말자

알아야 할 사실

화나는 일에 집착하면 만성적인 분노가 된다. 사람들이 자신에게 어떤 식으로 피해를 줬는지 또는 화나는 일이 자신에게 어떤 해를 끼쳤는지에 관한 생각에 사로잡히면, 그 생각이 점차 삶 전체를 장악한다.

인생을 장거리 버스 여행이라고 생각해보자. 당신은 버스 운전사고, 흥미로운 승객들과 여행을 함께한다. 승객들은 바로 분노, 기쁨, 슬픔, 두려움, 수치심, 죄책감, 외로움 같은 다양한 감정이다. 가끔 그중 하나가 다가와서 여러분의 곁에 앉기도 하지만, 버스를 모는 건 늘 당신이다.

그러다 이상한 일이 일어난다. 분노가 자리에서 벌떡 일어나더니 성큼성큼 앞으로 와서 당신의 멱살을 움켜쥐고 운전석 밖으로 끌어낸다. "지금부터 이 버스는 내 마음대로 운전한다." 분노는 이렇게 선언하고 당신에게 뒤로 가서 앉으라고 명령한다.

이제 어떻게 될까? 차는 거칠게 내달린다. 분노는 일부러 움푹 패인 도로를 지나가면서 난폭하게 질주한다. 덜컹거릴 때마다 "이야, 재밌네!"라고 신이 나서 소리친다. 하지만 당신은 이 여행이 즐겁지 않다.

얼마 후, 분노는 버스를 세워 다른 감정들을 응시한 후 다 내리라고 한다. "다른 감정은 필요 없어. 무슨 일이 생기든 내가 다 알아서 할 수 있으니까." 정말로 분노의 말대로 된다. 지나가던 친구가 인사를 건네면, 분노는 그 친구가 예전에 듣기 싫은 말을 했던 기억을 떠올리고는 갑자기 그

쪽으로 차를 몰아서 친구를 치려고 한다. 가족 중 누군가가 버스에 타려고 길가에서 기다리는데도 분노는 쳐다보지도 않고 쌩 지나가버린다. "그냥 걸어오라고 해. 나한테 별로 중요하지도 않은 사람이야." 공감할 줄 모르는 분노는 이런 말을 내뱉는다.

분노가 운전대를 잡으면 모든 생각을 지배하게 된다. 분노의 영향은 너무 강력하고 집요해서, 스스로가 곧 분노가 된 듯한 기분마저 든다. "내가 분노고, 분노가 바로 나"라는 말이 여러분의 인생이 된다.

실천 방법

분노가 인생을 장악했다면 확고하게 대응해야 한다. 자리에서 일어나 앞으로 가서 운전대를 잡은 분노에게 당장 나오라고 단호히 명령하라. 이 차는 다시 당신이 알아서 할 것이라고도 말하라. 하지만 분노를 버스 밖으로 완전히 쫓아내면 안 된다. 분노가 버스에 타고 있어도 운전대를 당신이 쥐고 꼭 필요할 때만 앞으로 나오게 하면 분노도 얼마든지 유용하게 쓰일 수 있다.

　할 일이 하나 더 남았다. 왔던 길을 돌아가서 버스에서 쫓겨난 다른 감정들을 태워야 한다. 가장 먼저 어떤 감정부터 태우고 싶은지 생각해보자. 그 감정이 당신의 인생에서 중요한 이유는 무엇인가?

분노가 숨기고 있는 감정을 찾아라

알아야 할 사실

분노의 기능 중 하나는 정서적인 고통을 덮어버리는 것이다. 분노는 수치심이나 두려움, 속상함 같은 감정을 차단하는 경향이 있다. 풍경을 가리는 바위처럼 분노가 감정을 가리는 것이다. 어떤 자극을 받았을 때 보통 화부터 내는 사람은 분노가 다른 감정, 특히 마주치고 싶지 않은 감정을 가로막고 있을 확률이 높다. 이런 상태에서는 분노에 가려진 감정이 무엇인지 알아내고 그 감정에 대처하는 다른 방법을 찾아야 분노를 극복할 수 있다.

실천 방법

최근에 어떤 자극에 덜컥 화를 냈는지 떠올려보자. 눈을 감고 색깔, 모양, 소리, 냄새, 온도, 질감 등 그 일을 겪을 때 몸의 감각 하나하나가 구체적으로 어땠는지 눈앞에 상황을 그려본다. 그 자리에 누가 있었는지 기억해보고, 오간 말들에도 귀를 기울여본다. 그때 분노를 자극하는 생각이 떠올랐는지도 생각해본다. 시간을 충분히 들여 천천히 그때의 상황에 몰입한다.

그런 다음, 되감기 버튼을 눌러 화가 났던 시점으로 돌아가자. 거기서 조금 더 뒤로 돌려서 분노를 자극하는 생각이 떠오르기 직전에 맨 처음으로 느낀 감정에 주목해보자. 마음속 상황을 떠올려보고, 그 상태에 잠시 그대로 머물러본다. 몇 번 심호흡을 한 뒤 그때 느꼈던 감정을 붙잡아 보자.

화가 나기 직전에 느낀 감정이 다음 목록 중에 있는지 찾아보자.

- **죄책감**: 뭔가를 잘못한 느낌
- **수치심**: 거부당하고, 자신은 부족한 사람이며, 멸시받는 존재라는 깊은 확신
- **속상함**: 남들이 자신을 깎아내리거나 모욕하는 느낌
- **상실감**: 필요한 것 또는 중요한 것이 사라지거나 빠진 느낌
- **갈망/절망**: 무언가를 절실하게 원하는 감정이나 불만족스러운 느낌
- **무력감**: 고통에서 벗어날 방법이 없고, 인생의 중요한 부분들을 스스로 통제할 수 없는 느낌
- **불안감/두려움**: 무슨 일이 생길지 겁이 나고 위험하다는 생각과 특정한 대상이나 상황에 대한 공포
- **무가치함**: 자신은 부족하고, 나쁘고, 잘못됐으며, 태생적으로 가치가 없는 사람이라는 느낌

- **공허함**: 멍한 느낌 또는 속이 텅 빈 듯한 느낌

분노에 가려진 감정을 찾았다면 따로 기록해둔다.

괴로운 감정에 대처하는 세 가지 전략

알아야 할 사실

앞 장의 실천 23에서 화내기 직전에 올라온 감정의 정체를 찾았는가? 분노가 그 감정이 모든 걸 압도하지 않도록 막는 방파제 역할을 하고 있을 가능성이 있다. 지금부터가 중요하다. '분노를 제외하고' 그 감정에 대처할 수 있는 다른 방법을 찾아야 한다. 다음은 괴로운 감정을 다스리는 세 가지 기본 전략이다.

실천 방법

첫 번째 전략은 분노에 가려졌던 감정을 받아들이고 잠시 그대로 있어 보는 것이다. 어떤 감정도 영원하지 않다. 괴로울 때 우리가 가장 많이 하는 착각은 이 고통이 절대 끝나지 않으리라는 생각이다. 하지만 비슷한 감정 때문에 힘들었던 경험을 떠올려보면, 더없이 괴로웠던 일도 영원하지 않고 결국에는 다 지나간다는 것을 알 수 있다. 그러므로 괴로운 감정이 파도처럼 치솟았다가 다시 흩어지고 점점 사그라지는 과정을 지켜보자. 몇 번 심호흡하고, 내 안이 아니라 '옆'에 고통이 있다고 상상해보자. 고통과 어느 정도 거리를 두고 그걸 바라보자. 머릿속으로 그 고통에 특정한 색과 형태를 입혀본다. 그리고 천천히, 아주 천천히 크기가 줄어드는 모습을 지켜보자.

두 번째 전략은 괴로운 감정을 극복하도록 도와주는

생각을 활용하는 것이다. 먼저 어떤 생각이 고통스러운 감정을 일으키는지 찾아본다. 어떤 혼잣말이 고통을 더 깊게 만드는가? 그런 생각들을 글로 써보자. 다음은 몇 가지 예다.

"완전히 망했어! 이건 무조건 배신이야! 어떻게 나한테 그럴 수가 있어?"

"당신이 날 정말로 신경 쓴다면 집안일을 도와줬겠지. 그랬다면 내가 이렇게 녹초가 돼서 성질부리지도 않을 거고."

"그이가 한 짓은 정말 역겨웠어. 이제 우리의 관계는 끝장이야."

이제 다음 규칙에 따라 부정적인 생각을 뒤집어서 써본다.

- 과장하지 말고 정확히, 있는 그대로 쓴다.
- 두루뭉술하게 쓰지 말고 구체적으로 쓴다.
- 비아냥거리거나 모욕하지 말고 다정한 표현을 쓴다.
- 현실감과 균형감을 잃지 말자(의도적으로 외면했던 긍정적인

면도 빠짐없이 쓴다).

예를 들면, 이렇게 쓸 수 있다.

"그냥 늦어질 뿐이야. 그렇게 분통 터뜨릴 일이 아니라고."
"도와달라고 하자. 나 자신을 챙기면서 이 상황을 해결하려면 어떻게 해야 하는지 미리 계획을 세워야겠어."
"그이는 그게 재밌을 줄 알고 그랬어. 나는 그런 농담을 싫어하지만, 그 사람 행동을 내가 일일이 다 책임질 필요는 없어."

괴로운 감정을 이겨내는 세 번째 전략은 해결 계획을 세워보는 것이다. 일상생활이나 대인 관계 또는 행동을 어떻게 바꿔야 고통스러운 감정을 없애려면 할까? 화부터 내고 비난하는 방식에서 벗어나면 다른 좋은 방법이 생각날 수도 있다. 먼저 목표를 글로 분명하게 쓰고, 그 목표를 달성할 방법을 궁리해본다. 생각나는 대로 최대한 많은 목록을 만들자. 질보다 양이 우선이다. 평가는 나중에 해도된다.

근본적인 문제 해결이 분노 조절에 얼마나 큰 도움이

되는지는 리카르도의 사례에서 확인할 수 있다. 인테리어 디자인 업체를 운영 중인 리카르도는 일 말고 다른 걸 할 시간을 내기가 도무지 쉽지 않다. 짜증도 나고 지치기도 해서, 어머니가 계신 뉴멕시코에 가서 한동안 쉬고 싶은 마음이 간절하다. 하지만 직원 없이 혼자 모든 걸 하는 상황이라, 일을 쉬면 고객을 잃거나 중요한 프로젝트를 놓칠까 봐 두렵다.

리카르도는 일단 목표를 분명하게 세웠다. "2주쯤 쉬면서 어머니를 찾아뵙고 싶다." 이 목표를 어떻게 이룰 수 있을지 궁리해본 결과, 총 열네 가지 방법을 떠올렸다. "설계도를 챙겨 가서 이메일로 업무를 처리한다", "고객들에게 프랑스산 샤르도네 와인을 선물하고 2주간 휴가를 다녀올 테니 잠시 쉬자고 한다"와 같은 방법이 포함됐다.

리카르도는 그중에 스스로 판단하기에 가장 괜찮은 방법 세 가지를 추리고, 각각의 장단점을 정리했다. 예를 들어, "어머니 댁에 있는 동안에도 고객들과 계속 연락하기"는 업무의 '급한 불'을 끌 수 있고 핵심 고객과 꾸준히 연락할 수 있다는 장점이 있지만, 휴가에 방해가 되고 느긋하게 쉬지 못하며 사람들을 속이는 기분이 든다는 단점이 있다.

리카르도는 최종적으로 "2주간 휴가를 다녀오고, 휴가가 끝나면 그동안 못한 일을 따라잡을 시간을 따로 갖는다"를 선택했다. 휴가 기간에는 업무 연락을 일절 받지 않기로 결심했다. 결정을 내린 리카르도는 곧바로 뉴멕시코행 비행기 표부터 예약했다.

다른 사람의 마음을 느껴보는 기술

알아야 할 사실

'공감'이란 자신만의 세계관에서 잠시 벗어나 다른 사람의 관점으로 세상을 보고, 느끼고, 이해하는 능력이다. 잠깐이라도 남의 관점에서 생각할 줄 아는 사람이 쓸데없는 싸움과 불필요한 갈등에 휘말릴 가능성이 현저히 낮다는 것은 탄탄한 근거로 확인된 분명한 사실이다. 수시로 시간을 내서 다른 사람의 마음과 감정을 느껴보는 연습을 하면 확실히 공감 능력을 키울 수 있다.

공감하려면 두 가지 기술을 익혀야 한다. 호기심을 가질 것, 그리고 비판하지 않는 것이다.

실천 방법

누군가와 갈등이 생기면 그 사람의 입장이 되어보자. 이런 질문을 떠올리면 도움이 될 수 있다.

"내가 너무 비판적인가? 잠시만 비판을 멈추면 어떨까?"

"상대방이 가장 중요하게 생각하는 건 무엇인가?

그것의 주된 가치는 무엇인가?"

"지금 상대방은 어떤 기분일까?"

"저 사람의 생각을 이해할 만한 비슷한 경험을 한 적이

있나?"

추가로 알아야 할 사실

호기심을 갖고 상대방에게 질문하는 것("지금 기분이 어때요?") 또는 상대를 덜 비판적으로 대하는 것만으로는 공감능력이 향상되지 않는다. 공감은 그보다 더 깊은 차원의 일이다. 다른 사람의 삶을 제대로 이해하는 것이 공감의 진정한 목표다.

우리는 살면서 경험한 중요한 사건들을 의미 있는 하나의 인생 이야기로 엮는다. 각각의 삶 이야기는 고유하며, 자신이 겪은 일을 어떻게 해석하느냐에 따라 이야기는 달라진다.

소피아와 미나의 예를 보자. 두 사람은 십 대 시절에 비슷한 경험을 했다. 둘 다 엄마가 암으로 돌아가셨고, 그일로 아버지가 우울증과 알코올중독에 시달리는 바람에 힘든 시간을 보냈다. 아버지가 무능한 상태가 되어, 두 사람다 고등학교에 다니면서 매일 장시간 일하며 직접 돈을 벌어야 했다. 소피아와 미나의 과거는 비슷한 면이 많지만, 두 사람에게 삶의 이야기를 직접 들려달라고 하면 전혀 다른 이야기를 듣게 된다.

소피아가 과거의 일들을 하나로 엮어서 만든 삶의 이야기는 남을 돌보는 일이 인생의 주된 목표가 되었다는 내용이다. 원래는 대학에 진학하려고 했지만, 그 꿈을 접고 일찍 결혼해서 가정을 꾸렸다. 소피아는 아버지를 돌보면서 자신에게 필요한 것보다 다른 사람이 필요로 하는 것들을 먼저 생각하게 되었다. 그래서 지금도 소피아의 삶에서는 자녀들에게 필요한 것이 늘 중심이 된다. 지칠 때도 많고, 때로는 자신이 낯설게 느껴지기도 한다. 하지만 소피아에게 어린 시절에 얻은 교훈이 무엇이냐고 물으면, 가족을 챙기는 일이 가장 중요하다는 사실을 깨달은 것이라고 이야기한다.

미나는 과거에 경험한 일들에 전혀 다른 의미를 부여했다. 미나는 자신은 생존자이며, 억세고 강인한 사람, 뭐든지 할 수 있는 사람이라고 생각한다. 그런 생각으로 기업이 힘든 상황에 놓였을 때 문제를 진단하고 해결하는 전문 컨설턴트로서 헌신적으로 일한다. 미나는 어린 시절에 누구도 믿고 의지할 수 없다는 사실을 깨달았다. 가끔 외로운 건 사실이지만, 미나는 소중한 사람을 잃는 고통을 다시는 겪고 싶지 않다. 그래서 오로지 자신에게 기대어 살아간다.

현재에 집중하기 위한 분노 관리법

소피아나 미나의 삶 이야기는 직접 물어보지 않으면 들을 수 없다. 그것이 공감의 핵심이다. 다른 사람의 삶에 호기심을 갖고 비판 없이 귀를 기울이면 공감의 기술을 터득할 수 있다.

추가로 시도해보기

두어 사람에게 삶의 이야기를 들려달라고 하자. 상대방이 무슨 뜻이냐고 물으면 살면서 겪은 중요한 일 중에 현재의 삶에 큰 영향을 준 일들이 무엇인지 궁금하다고 설명하자.

심호흡은 명료한 사고의 발판이 된다

알아야 할 사실

심호흡은 효과가 검증된 인지행동치료 기법의 하나다. 심호흡을 하면 몸이 이완되고, 긍정적인 기분, 스트레스 감소와 관련 있는 부교감신경계를 더욱 활성화해 몸과 마음이 차분해진다. 심호흡으로 긴장을 풀면 의사결정 능력도 향

상된다.°°

심호흡이 문제를 해결해주지는 않아도 명료한 사고의 발판이 된다. 또한 화가 나려고 할 때 그 상황과 거리를 둘 수 있게 도와준다.

실천 방법

방해받지 않고 편하게 앉아 있을 수 있는 안락한 장소로 간다. 눈을 감는다. 어깨를 앞에서 뒤로, 다시 뒤에서 앞으로 둥글게 말 듯이 돌리면서 힘을 뺀다.

1. 숫자를 4까지 세면서(4초 동안) 배가 빵빵해지도록 숨을 깊이 들이마신다.
2. 4초간 그대로 숨을 멈춘다.
3. 다시 4초간 천천히 숨을 내쉰다.

° Perciavalle et al., 2017
°° De Couck et al., 2019

호흡을 이렇게 세 단계로 나눠서 3분 동안 반복한다. 2주간 매일 하루 두 번, 비슷한 시간대에 3분씩 연습한다. 차분해지는 효과가 느껴진다면 계속 실천한다.

반드시 3분을 지켜야 하는 건 아니다. 2분이면 충분한 사람도 있고, 10분간 심호흡하는 사람도 있다. 알맞은 시간은 각자 정하면 된다.

화가 난 상태로 심호흡을 시작하면 효과가 바로 나타나지 않을 수 있다. 스트레스 호르몬이 정상 수준으로 내려가려면 시간이 걸린다. 효과가 나타날 때까지 3분간 심호흡을 반복하면서 호흡 속도를 조절한다. 그리고 20분 동안 기다렸다가 다시 3분간 심호흡한다. 분노가 어떻게 달라지는지 살펴보자.

현재에 집중하기 위한 분노 관리법

긴장을 푸는 점진적 근육 이완법

알아야 할 사실

분노를 다스리려면 긴장을 풀어야 한다. 분노는 두 단계를 거쳐서 나온다는 사실을 기억하자. 첫째, 몸이 긴장하거나 몸 어딘가에 스트레스가 발생한다. 둘째, 화를 부추기는 생각이 떠오른다. 따라서 화가 치밀 때 몸의 긴장을 풀 줄 알면 분노와의 싸움에서 절반은 이기는 셈이다. 몸을 편안하게 이완하고 그 상태가 지속되면 화를 내는 게 불가능해진다.

다음은 스트레스를 받을 때 차분하고 명료하게 생각하는 데 도움이 되는 방법이다. 이 방법을 활용하면 어떤 상황이든 효과적이고 긍정적으로 스트레스에 대처할 수 있다. 언제, 어디서나 30초 정도면 몸의 긴장을 풀 수 있을 때까지 연습해보자.

점진적 근육 이완법으로 불리는 이 기법은 보통 방해 요소가 없는 편안한 장소에서 의자 혹은 소파에 편히 앉거나 누워서 시작한다. 몸의 주요 근육을 묶어서 체계적인 순서에 따라 한 그룹씩 조였다가(너무 심하게 힘주지 말고) 힘을 빼면 된다. 각 근육군을 약 4초간 조이고, 다시 4초간 이완하는 것이 적절하다.

점진적 근육 이완법은 앞 장의 실천 26에서 소개한 심호흡과 함께 연습하면 더 큰 효과를 얻을 수 있다. (주의 사항: 통증이 있거나 다친 곳, 최근에 수술한 곳에는 힘을 주면 안 된다. 콘택트렌즈 착용자는 렌즈를 빼고 시작하자.)

실천 방법

편한 장소로 가서 앉거나 눕는다. 전체 과정은 약 3분 30초가 걸린다. 몸의 근육군을 차례로 조였다가 이완하면 되고, 정해진 순서는 없다. 얼굴부터 시작해서 발가락까지 쭉 내려가도 좋고, 반대로 아래에서부터 위로 올라와도 좋다. 원하는 대로 순서를 정하면 된다. 중요한 건 순서를 정한 다음 그대로 꾸준히 연습하는 것이다. 특히 얼굴과 목 근육을 조였다가 이완하면 차분해지는 효과를 크게 얻을 수 있다. 얼굴부터 시작하는 경우 다음과 같이 진행한다.

1. 이마를 주름이 잡힐 만큼 힘껏 찡그렸다가 다시 풀어준다.
2. 체셔 고양이처럼 웃는 표정을 지어본 다음 볼 근육을 다시 이완한다.
3. 양쪽 입꼬리가 아래로 깊게 내려가도록 찡그린 표정을 지었다가 입술 근육에 힘을 뺀다.
4. 턱에 힘을 주었다가 빼면서 턱 근육을 이완한다.
5. 눈을 꼭 감았다가 눈꺼풀에 힘을 뺀다.
6. 혀를 입천장에 대고 세게 눌렀다가 힘을 뺀다.

7. 턱이 가슴에 닿을 때까지 머리를 천천히 앞으로 숙였다가 정면으로 돌아온다.

8. 머리를 뒤로 젖혔다가 다시 정면으로 돌아온다.

9. 머리를 오른쪽으로 젖혔다가 정면으로 돌아온다.

10. 머리를 왼쪽으로 젖혔다가 정면으로 돌아온다.

11. 양손을 주먹으로 꽉 쥐었다가 풀어준다.

12. 손목을 아래로 구부려 팔뚝에 힘을 주었다가 다시 손목과 팔뚝에 힘을 뺀다.

13. 팔의 이두근을 힘주어 조였다가 이완한다.

14. 팔을 쫙 펴서 삼두근을 조였다가 이완한다.

15. 어깨를 위로 바짝 올려서 조였다가 내린다.

16. 어깨를 뒤로 둥글게 돌려서 내리고 힘을 뺀다.

17. 어깨를 앞으로 둥글게 돌려서 내리고 힘을 뺀다.

18. 등을 둥글게 굽혀 팽팽해지도록 늘렸다가 풀어준다.

19. 가슴 근육에 힘을 주고 조였다가 풀어준다.

20. 배가 불룩 나오도록 밖으로 쭉 밀어냈다가 힘을 뺀다.

21. 배를 힘주어 쏙 집어넣었다가 힘을 뺀다.

22. 엉덩이를 꽉 조였다가 풀어준다.

23. 허벅지를 힘껏 조였다가 풀어준다.

현재에 집중하기 위한 분노 관리법

24. 발가락을 몸과 멀어지도록 앞으로 쭉 펴서 종아리 근육을
조였다가 이완한다.

25. 발가락을 세우고 몸쪽으로 바짝 당겨서 종아리 근육을
조였다가 이완한다.

이제 모든 단계를 머릿속에서 순서대로 반복하면서
발과 발목, 종아리, 등, 가슴이 편안해지는 기분을 느껴본
다. 몇 번 심호흡한다. 목과 어깨, 팔, 손의 긴장도 더욱 풀
어본다. 몸 전체가 점점 더 편안해진다. 편안해진 기분은
머리와 얼굴로 확장되어 턱이 느슨해지고, 입술도 살짝 벌
어진다.

아직 긴장이 남아 있는 부분이 있으면 그곳에 다시 집
중한다. 근육을 조이고 그 상태를 유지하면서 심호흡하고
풀어준다. 그리고 다음 순서로 넘어간다.

주어를
'나'로 바꾸는 기술

알아야 할 사실

이번 연습의 목적은 짜증 나는 일이나 자신의 기분을 다른 사람에게 정확하고 명료하게 전달하는 것이다. 주어를 '나'로 바꾸면 남을 탓하지 않고 자신이 어떻게 느끼는지에 초점을 맞추게 되므로 분노 관리에 도움이 된다. 이 연습은

총 세 단계로 구성된다.

- **1단계**: 상대방이 한 말이나 행동 중에 불쾌했던 일을 최대한 사실 위주로 이야기한다.

    "우리 돈 문제에 관해서 오늘 아침에 이야기하기로 약속했잖아, 그래 놓고 당신은 늦잠을 잤어."

- **2단계**: 그 일로 기분이 어땠는지 말한다.

    "나는 화도 나고 상처도 받았어. 이 청구서를 다 어떻게 처리할지 얼른 방법을 찾아야 하니까 걱정도 되고."

- **3단계**: 기분이 나아질 방법을 정확히 이야기한다.

    "이 문제를 어쩌면 좋을지 당신이 지금 나랑 이야기하면 좋겠어."

실천 방법

현재 겪고 있는 일 중에 주어를 '나'로 바꾸는 연습을 해볼 수 있는 상황을 생각해본다. 그리고 앞서 소개한 세 단계에 알맞은 말을 떠올려본다. 도움이 된다고 생각하면 따로 기록해둔다.

추가로 알아야 할 사실

주어를 '나'로 바꾸는 건 쉬워 보이지만, 다음과 같은 실수를 하지 않도록 주의해야 한다.

- **짜증 나는 일, 자신의 감정, 상대방에게 바라는 점을 애매하게 언급하는 것**

  예를 들어, 다음과 같은 말은 아무 소용이 없다.

  "마테오, 당신이 나한테 그렇게 한 건 정말 나쁜 거야.
  나 진짜 기분 나빴어. 좀 더 친절하게 대해줘."

  마테오의 어떤 말을 나쁘다고 생각하는지, 기분이
  어떻게 나쁜지, 마테오가 말을 어떤 식으로 더 친절하게
  해주길 바라는지 구체적으로 밝혀야 한다.

- **"당신 때문에 내 기분이……"라고 말하는 것**

  내 기분은 내 몫이지 남이 책임질 일이 아니다. 주어를

  '나'로 바꿔서 "내 기분이 어떠냐면……"과 같이 말해보자.

- **욕설이나 모욕하는 말을 하는 것**

  "이 게으른 벌레 같은 인간아……"라는 식으로 말을

  꺼낸다면 주어를 '나'로 바꾼다고 해도 상대방이 좋은

  마음으로 들어줄 리 없다.

- **기적을 바라는 것**

  아무리 명확하게 말해도 모든 게 바라는 대로 된다는

  보장은 없다. 그래도 노력해보는 게 중요하다.

- **주어를 '나'로 바꿔서 상대방을 향한 인신공격에 활용하는 것**

  상대방의 일반적인 특성을 부정적으로 말하는 것이

  인신공격이다. "당신은 너무 게을러", "넌 멍청한

  인간이야", "너 바보냐"와 같은 인신공격은 주어가

  '너(당신)'인 경우가 많다. 하지만 "나는 당신이 게으르다고

  생각해"와 같이 주어를 '나'로 바꿔도 인신공격이

될 수 있다. 이런 말을 뱉고 나면 자신을 화나게 만든 사람에게 상처를 줬다는 만족감에 잠깐은 기분이 나아진다. 하지만 이런 식의 모욕은 대부분 나쁜 감정을 더 키운다. 또한 상대방의 행동이 달라지길 바란다면 이런 식으로는 아무 도움이 안 된다. 자신을 욕하는 사람을 위해 자진해서 달라질 결심을 하는 사람이 있을까? 보통 모욕당하면 자신을 모욕한 사람이 싫어하는 말이나 행동을 줄이기는커녕 그대로 하거나 일부러 더 많이 하려고 한다.

추가로 시도해보기

내 기분과 생각, 행동은 모두 내 책임이다. '저 사람이 멍청하게 굴지만 않으면 다 괜찮아질 텐데' 같은 생각이 들 수도 있다. 하지만 자신은 어떤가? 자신이 지금 상황을 더 나쁘게 만들고 있지는 않은가? 남을 비난한다고 해서 나아지는 것은 없다. 비난하기보다는 그 상황에 대한 자신의 반응을 어떻게 바꾸면 좋을지 생각해보는 게 좋다.

주어를 '나'로 바꾸는 기술을 상대방에게 긍정적인 의견을 제시할 때도 활용해보자. 이 기술을 꼭 짜증 나는 감정을 전달하는 용도로만 사용할 필요는 없다. 이처럼 효과가 강력한 방법을 부정적인 상황에만 적용할 이유가 있을까? 상대방의 말이나 행동을 칭찬하고 인정하는 말을 전할 때 활용하면 상대방을 향한 선의와 좋은 감정이 더욱 커진다. 예를 들면, 다음과 같이 말할 수 있다.

1. "샐리, 어제 온종일 일하고 힘들었을 텐데도 아이들과 동물원에 다녀왔잖아."

2. "당신이 아이들을 위해 시간을 내줘서 나는 정말 기뻤어. 아이들이 당신과 잘 지내는 걸 보니 내 마음이 따뜻해졌어."

3. "다음에는 나도 같이 가서 당신이 아이들과 재미있게 노는 걸 보고 싶어."

누구나 칭찬이 필요하다. 주어를 '나'로 바꾸면 상대방의 어떤 면이 만족스럽고 좋은지를 더 정확하고 구체적으로 칭찬할 수 있다. 칭찬할 때는 '그런데'를 덧붙이지 않도록 주의하자. 앞의 예시에서 "그런데 사실, 당신은 아이들이랑 시간을 많이 보내진 않은 것 같아"와 같은 말을 덧붙이지 말라는 소리다. 이런 말이 붙으면 칭찬이 비난으로 바뀐다. 비난받으면 상대방은 방어적으로 대응하게 되고, 특히 갑작스럽게 공격받으면 방어적인 반응을 보이기 더욱 쉽다.

부정적인 대화법
vs 긍적적인 대화법

알아야 할 사실

누구나 다른 사람과 의견이 안 맞을 때가 있다. 그래서 갈등을 완전히 피하고 살 수는 없다. 하지만 정정당당하게 싸우면 갈등을 긍정적으로 마무리할 확률을 크게 높일 수 있다. 적어도 문제가 한동안 해소되고 의견이 오가면서 감정이 상하는 사람이 없다면 긍정적인 결과를 얻은 것이다.

다음은 의견 충돌이 일어났을 때 하지 말아야 할 행동이다. 정정당당하게 맞서고 싶다면 피해야 할 행동을 잘 살펴보고, 자신이 하지 말아야 할 부정적인 행동이 있는지 생각해보자.

- 상대방을 놀리지 말 것: **"넌 화내면 참 귀엽더라."**

- 문제를 회피하지 말 것: **"그 이야기는 하고 싶지 않아."**

- 과도하게 일반화하지 말 것: **"당신은 항상 늦어."**

- 한마디로 무마하려고 하지 말 것: **"마음대로 해!"**

- 하고 싶은 말을 무조건 다 하려고 고집부리지 말 것:
  "내가 한마디만 더 해야겠어."

- 과거에 얽매이지 말 것: **"당신이 작년에 했던 그 말,
  나는 평생 못 잊을 거야."**

- 상대방을 때리거나 밀치고 위협하는 행동을 하지 말 것:
  "그 소리 한 번만 더 하면 내가 아주……"

- 자리에서 일어나 소리 지르거나 욕하지 말 것: **"@^!!"**

- 상대방의 말을 끊지 말 것: **"잠깐, 내가 먼저 얘기할게."**

- 인상 쓰지 말 것: **"내 표정이 어떻다는 건데?**

내가 어처구니없다는 표정을 지었으면 그건 나도 어쩔 수
없는 거야."

- 인신공격하지 말 것: "당신은 패배자고 정말 끔찍한
인간이야."

실천 방법

갈등이 반복되는 게 싫고 이 문제를 제대로 해결하고 싶다
면, 자꾸 부정적인 말을 뱉지 않으려고 하는 것을 넘어 더
큰 노력이 필요하다. 바로 의견이 충돌할 때 긍정적으로 대
화하는 기술을 익히는 것이다. 다음은 정정당당한 싸움이
되려면 지켜야 하는 행동이다. 참고해서 시도해보자.

- 한 번에 한 가지씩 이야기할 것: "지금은 돈 문제만
얘기하자. 아이들 이야기는 그다음에 해."
- 자리에 앉아서 차분하게 말할 것: "이야기하기 전에 일단
앉아서 좀 진정하는 게 좋겠어."
- 감정을 분명하게 말할 것: "당신이 나한테 소리 지르면

너무 괴로워."

- 상대방 말을 잘 들을 것: **"무슨 말인지 알 것 같아.
  내가 말해볼 테니까 제대로 이해했는지 들어봐."**

- 분명하고 구체적으로 말할 것: **"내일 당신이 은행에 가서
  정확히 뭘 해야 하는지 알려줄게."**

- 유연한 태도를 잃지 말 것: **"지금은 내가 생각이 좀
  굳은 것 같아. 당신 말은 나도 생각해볼게."**

- 기꺼이 협상하고 타협하겠다는 자세로 임할 것:
  "좋아, 그럼 이렇게 타협하면 어떨까."

- 차분하게 호흡하고 편안하게 대화할 것: **"잠시만, 심호흡
  좀 할게. 그럼 더 편하게 이야기할 수 있을 것 같아."**

- 자신이 한 말과 행동은 책임질 것: **"진심이야,
  없던 일로 만들지는 않을 거야."**

- 이기고 지느냐보다 해결 방법을 찾는 데 집중할 것:
  "우리 둘 다 만족할 만한 방법을 찾자."

- 필요하면 잠시 나갔다 올 것: **"지금 내가 너무 감정적인 것
  같아. 잠시만 쉬었다가 다시 이야기하자."**

분노와 원망을 해소하는 용서 기술

알아야 할 사실

누군가가 한 말이나 행동이 큰 상처로 남아 머릿속에서 떠나지 않으면 원망이 생긴다. 원망이 된 상처는 흘려보내고 싶어도 마음대로 되지 않고, 마음속에서 점점 커지다가 결국에는 상처를 준 사람에 관한 모든 생각과 그 사람에게 하는 모든 행동에 영향을 준다. 강한 원망은 증오심으로 바뀌어 상처 준 사람을 경멸할 수도 있다. 상대방을 도저히 용서할 수 없는 나쁘고, 사악하고, 끔찍한 존재로 여긴다.

원망을 푸는 열쇠는 용서다. 용서는 먼저 너그럽게 대하는 것이다. 상대방이 원한다고 해줄 수 있는 게 아니다. 자진해서 선택하는 것이고, 상대방이 자신에게 어떻게 상처를 줬는지보다는 그 사람의 인간성에 초점을 맞추고 그를 마음으로 받아들이는 것이다. 용서는 단시간에 이루어지지도 않고 쉬운 일도 아니다. 하지만 용서를 시작할 수 있는 좋은 방법이 몇 가지 있다.

실천 방법

- 분명하게, 의식적으로 용서를 결심한다.
- 자신이 겪은 불행을 남 탓으로 돌리지 않는다.
- 복수심에서 시작된 생각이나 행동을 전부 멈춘다.
- 사과나 그 밖에 꼭 받아내야겠다고 작정한 것들을 다 잊는다. 상대방이 내게 진 빚을 다 없애주기로 한다.

현재에 집중하기 위한 분노 관리법

- 내게 상처를 준 사람의 좋은 점을 생각해본다.
- 그 사람을 다시 받아들이게 된다면 어떤 기분일지 상상해본다.

추가로 알아야 할 사실

용서는 길고 느린 과정이다. 마음에 원망이 생겼다면 그만큼 상대방이 남긴 상처도 깊을 것이다. 그래서 용서는 여러 번에 걸쳐서 이루어지는 경우가 많다. 처음 용서를 결심하고, 용서하려고 의식적으로 노력하고, 잘되고 있다고 느끼다가도 상대방을 향한 오랜 분노와 적개심이 솟구친다. 모두 자연스러운 반응이므로 낙심할 필요는 없다. 용서는 쉬운 일이 아니다. 그저 마음의 평화를 위해 꾸준히 해나가는 노력이라고 보면 된다.

아직 용서할 준비가 안 됐어도 괜찮다. 아무도 지금 당장 상처 준 사람을 용서하라고 강요할 수 없다. 떠밀려서 하는 용서는 역효과를 낳는다. 이제 용서할 수 있겠다는 마음이 드는 순간은 용서할 사람만이 안다. 용서하고 내 인생을 살 때가 됐다는 메시지가 마음속에서 들리는 순간이 올 것이다.

용서하고 싶어서 노력해봤지만 실패했을 수도 있다. 그 사람을 생각할 때마다 화가 머리끝까지 치밀 수도 있다. 그렇더라도 큰 상처를 준 사람이 내 머릿속에 마음대로 자리를 차지하도록 두면 안 된다. 이렇게 할 수 있는 두 가지 방법이 있다. 하나는 생각을 다른 데로 돌리는 것이다. 바쁘게 지내고, 다른 일을 생각하고, 자기 생활에 몰두하자. 다른 한 가지 방법은 상처가 된 일과 상처를 준 사람에게 감정을 쏟지 않겠다는 목표를 세우는 것이다. 무슨 일이 있었는지는 기억하되 감정을 다 쏟지 않는 게 중요하다.

용서를 상대방과의 관계 회복이나 화해로 오해해서 거부하는 사람들도 있다. 화해하지 않아도 용서는 할 수 있다. 정말 친한 친구가 도박에 빠져 여러분의 돈을 수백만 원이나 훔쳤다고 가정해보자. 이런 경우, 다시 좋은 친구로 지낼 순 없어도 그 일을 용서하기로 마음먹을 수 있다. 그런 친구가 또다시 지갑 근처에 얼씬댈 기회를 주는 건 너무 순진하거나 남을 지나치게 잘 믿는 사람이나 하는 일이다. 다시 친구로 지낼 수도 있겠지만 그건 그 친구가 도박 문제에서 벗어나려고 충분히 노력한 이후에나 가능하다. 화해에는 용서만큼 신뢰도 중요하므로, 상대방을 한 번 더 신뢰해도 되겠다는 확실한 판단이 서지 않는 이상 화해는 내키지 않을 수 있다.

추가로 시도해보기

아직 도저히 용서가 안 된다면, 상처 준 사람이 마음속에 너무 큰 자리를 차지하지 않도록 신경을 다른 곳으로 돌리거나 감정적으로 무관심해지려고 노력하자. 또는 용서하기로 결심하고 그럴 수 있는 방향으로 노력해보자.

과거의 분노는 과거에 그대로 두자

알아야 할 사실

다른 사람에게 분노를 표출하면 분노로 인한 문제가 쉽게 드러난다. 하지만 분노의 화살이 자신에게로 향하면 문제를 인지하기가 어렵다. 스스로를 용서하지 않으려고 할 때, 또는 용서할 수가 없다고 판단할 때 분노는 자기 자신에

현재에 집중하기 위한 분노 관리법

게로 향한다. 이런 분노는 대체로 다음 중 한 가지 형태를
띤다.

- **자기방임**

  대표적인 예로, 남들을 챙기느라 바빠서 정작 자신은
  병원에 가봐야 하는데도 가지 않는 것이다. 이런 자기방임
  행동의 바탕에는 자신은 보살필 가치가 없는 존재라는
  생각이 깔려 있다.

- **자진해서 일을 망치는 것**

  자신이 실패한 인생을 살고 있음을 증명하려고 한다.
  어떤 일이나 목표가 성공 직전일 때 기발한 방식으로
  망쳐버리고, 코앞까지 다가온 성공 대신 명백한 실패의
  길을 택한다.

- **자책**

  안 좋은 일이 생기면 전부 자기 탓이라고 확신한다.
  "전 나쁜 사람입니다. 전 악마예요. 전 아무 가치가
  없는 인간입니다"라고 적힌 표지판을 항상 들고 다니는

사람처럼 군다.

- **자학, 자해**

  자신을 나쁘게 말하거나 신체에 물리적인 해를 가한다.

- **자기파괴**

  자신은 본질적으로 나쁜 사람이므로 없어져야 할
  존재라고 믿는다. 자살 시도 같은 행동을 보인다.

실천 방법

다섯 가지 중 익숙한 항목이 있는지 생각해보자. 최근에 분
노가 자신에게로 향해서 이 같은 방식으로 스스로를 괴롭
힌 적이 있는가?

추가로 알아야 할 사실

자신을 용서할 수 없어서 분노가 스스로에게로 향할 경우, 문제를 바로 잡기가 가장 어렵다.

과거에 폭행을 일삼았던 제롬은 자녀를 때렸던 자신을 절대 용서할 수 없다고 말한다. 알코올중독에 빠졌다가 회복한 클라우디아는 술에 빠져 몇 년씩이나 아이들을 방치한 자신을 결코 용서하지 못하겠다고 이야기한다. 제롬과 클라우디아는 이제 달라졌다. 남을 학대하지도, 방치하지도 않는다. 그런데도 왜 자신을 용서하지 못하고 그 일에서도 벗어나지 못할까?

이런 상황에 놓인 사람들은 죄책감과 수치심에 사로잡혀 자신을 쉽게 용서하지 못하는 경우가 많다. 죄책감은 범법 행위와 도를 넘은 행동, 남의 권리를 침범했을 때 느끼는 감정이다. 그리고 수치심은 실패하거나 충분히 노력하지 않았을 때, 자신이 중요하게 여기는 가치와 목표에서 어긋났을 때 느끼는 감정이다. 여러분도 제롬처럼 다른 사람에게 나쁜 행동을 했다는 죄책감에 시달리거나, 클라우디아처럼 마땅히 해야 할 일을 제대로 하지 못했다는 생각에 수치심을 느끼고 있을지도 모른다. 제롬과 클라우디아 둘 다 죄책감과 수치심을 모두 느끼는데, 실제로 이 두 감정은 하나로 엉키기 쉽다.

　'그런 끔찍한 일을 저질렀으니 난 계속 벌을 받아야 해' 같은 생각을 떠올리면 현재에 과거가 끼어든다. 과거에 나쁜 사람이었다는 사실이 '나는 여전히 나쁜 사람'이라고 확신하는 근거가 될 수는 없다. 그러나 자신을 용서하지 못하는 사람은 그 과거를 현재로 계속 끌고 오게 된다.

추가로 시도해보기

어떻게 해야 과거를 과거로 남겨둘 수 있을까? 도움이 되는 생각을 정해놓고 매일 의식을 치르듯 꼬박꼬박 떠올리는 습관을 들여보자. 다음과 같이 '예전에는 ○○ 했지만 이제는 □□ 한다'는 형식으로 문장을 만들 수 있다.

　제롬은 이렇게 생각을 정리했다.

* 예전에는 아이들을 때렸지만, 이제는 안아준다.

- 예전에는 내가 거친 사람인 게 자랑스러웠지만, 이제는 내가 다정한 사람인 게 자랑스럽다.
- 예전에는 이기적이고 탐욕스러웠지만, 이제는 다른 사람을 너그럽고 사려 깊게 대하려고 노력한다.

클라우디아가 정리한 생각은 다음과 같다.

- 예전에는 아이들을 방치했지만, 이제는 아이들을 잘 챙긴다.
- 예전에는 술을 마시고 어리석게 살았지만, 이제는 술을 끊었고 현명해졌다.
- 예전에는 가치 있게 여기는 것들을 놓치고 살았지만, 이제는 내가 믿는 것들과 목표를 지키면서 살고 있다.

과거의 일을 인정하고 지금은 괜찮은 사람이 되었다는 사실에 기뻐하자. '예전에는 ○○ 했지만 이제는 □□ 한다'는 형식으로 생각을 정리하면서 과거는 과거에 두고 현재의 자신을 포용하자.

4부

자기돌봄 기술

분노는 다른 감정들을 다 덮어버릴 수 있지만, 고통에 대한 반응이 분노로 나타나는 경우가 가장 많다(130쪽 실천 23 참고). 너무 힘들 때 화를 내면 힘든 기분을 이겨낼 수 있다고 느끼기도 한다. 분노는 정서적·신체적 고통을 잠시 잊게 한다.

4부에서는 고통에 적극적으로 대처해 분노를 줄이는 방법을 안내한다. 자신을 잘 보듬고 스스로에게 친절하게 대하는 방법, 몸과 마음의 건강을 먼저 생각하며 살아가는 방법을 배울 수 있다.

자기돌봄 기술

자기돌봄을 위한
세 가지 문제 파악

알아야 할 사실

자신을 잘 돌보려면 먼저 이 세 가지에 관심을 기울여야
한다.

- 피로와 스트레스

- 외로움

- 갈망(음식, 평화, 자극, 의미 등)

모든 분노 문제의 최소 절반은 이 세 가지와 어떤 식으로든 관련이 있다. 그러므로 분노 문제를 해결하고 싶다면 화를 내서 고통을 덮기보다는 근본적인 문제부터 직접 해결하는 것이 훨씬 효과적이다. 고통이 해소되면 자신은 물론 주변 사람들도 훨씬 더 기분 좋게 살아갈 수 있다.

실천 방법

분노를 다스리는 간단하면서도 중요한 방법은 화가 슬슬 나기 시작할 때 앞선 세 가지부터 점검해보는 것이다. 피로나 스트레스, 외로움, 갈망 상태를 더 자세히 파악하려면 다음과 같은 질문을 던져볼 수 있다.

- 지금 피곤한가? 아니면 몸이 힘든가? 앉아서 좀 쉬거나,
  잠을 자거나, 근육의 긴장을 풀어야 하는 건 아닌가?

- 사람들과의 교류가 필요한가? 지금 당장 누군가와 이야기를 나누면 도움이 될까? 아니면 사람들과 재미있게 시간을 보내고 싶은가?
- 지금 절실한 게 있나? 배가 고픈가? 아니면 조용한 곳에 있고 싶은가? 흥미진진한 뭔가가 필요한가?

피로나 스트레스, 외로움, 갈망 상태를 확인했다면, 이제 어떻게 해결할지에 초점을 맞춘다. 답답하고 무력한 기분은 분노로 이어지므로 이 세 가지에서 비롯된 괴로움부터 해결하는 것이 우선이다. 스스로를 도울 방법이 있다면 미루지 마라. 휴식이 필요하면 쉬고, 친구와 만나고 싶거나 다른 재미있는 일이 필요하면 곧바로 계획을 세워보자. 가능하면 피로나 스트레스, 외로움, 갈망 문제를 파악한 날에 바로 계획을 세우는 게 좋다. 그러면 편안해지는 길이 눈앞에 보일 것이다. 무기력하게 잔뜩 화가 난 채로 가만히 있는 대신 기분이 더 나아지리란 기대가 생긴다.

자기혐오
그만두기

알아야 할 사실

분노 문제로 힘겨워하는 사람들은 다른 사람을 엄격히 평가하는 경우가 많다. 하지만 이들이 겨누는 총구는 양쪽으로 향한다. 즉, 자기 자신도 극히 부정적인 혐오의 대상이 되는 것이다. 이런 자기공격은 '병적인 비판'으로도 불린다.

보통 병적인 비판은 부모나 자신을 키우고 돌봐준 사람들, 또래 친구들, 그 외의 사람들에게 반복적으로 들은 말이 내면화된 결과다. 속으로 자신을 '멍청해, 게을러, 이기적이야' 같은 말로 비난하거나, '못생겼어, 미쳤어, 무능해, 지루해'라고 평가한다.

병적인 비판은 남들에게 실제로 들은 말보다 훨씬 더 심한 자기 공격으로 바뀌기도 한다. 이 경우 다른 사람의 행동을 '추측'해서 자신을 비난한다. 예를 들어, 사람들이 자신에게 별로 신경 쓰지 않거나 도움이 필요할 때 도와주지 않으면 속으로 '나는 가치 없는 인간'이라거나 '모두에게 짐만 되는 존재'라고 비난한다.

병적인 비판의 주된 기능은 어릴 때 형편없는 존재라고 느꼈던 기억과 오래전에 형성된 부정적인 정체성을 지속적으로 유지시키는 것이다. 스스로에게 악의적이고 부정적인 딱지를 줄기차게 붙이는 것이 병적인 비판의 주된 무기고, 드러나지 않는 수치심과 자기 비하가 이런 비판의 주된 결과다. 결국 누가 조금만 상처를 주거나 비난하면 견딜 수 없는 큰 고통에 시달려 순식간에 화를 터뜨린다.

병적인 비판은 분노 문제에 큰 영향을 미친다. 자신에

대한 감정이 좋지 않을수록, 그리고 마음에 짊어진 수치심과 자신은 나약한 인간이라는 확신이 깊을수록 이 감정을 분노로 대처할 가능성이 크다. 분노 문제를 해결하려면 병적인 비판과 여기서 비롯된 평가를 해결해야 한다.

실천 방법

자신에 관해 부정적으로 생각하는 면들을 떠올려보자. 그런 생각들이 병적인 비판과 분노의 연료가 되지는 않는가? 부정적인 생각과 반대되는 긍정적인 면은 어떤 게 있을까? 자신의 긍정적인 면을 세 가지 생각해보고 글로 써보자. 확신이 들지 않아도 괜찮다. 자신의 긍정적인 면을 생각할 때 어떤 기분이 드는가?

나의 핵심 장점을 꼭 기억하자

알아야 할 사실

누구든 마음 깊은 곳에서는 자신에게 장점이 있다는 사실을 알고 있다. 그걸 끌어내면 내면의 비판과 맞서는 무기로 활용할 수 있다. 자신의 핵심적인 장점을 몇 가지 찾아보면서 어떤 좋은 점들이 있는지 생각해보자.

실천 방법

자신의 핵심적인 장점을 목록으로 정리해보자. 노트나 일기장에 다음 질문의 답을 써보고 각각 짤막한 설명을 달아보자.

1. 남들이 칭찬하고 좋게 평가하는 나의 자질은 무엇인가?

2. 나를 아껴주는(또는 내가 아끼는) 사람은 나의 어떤 점을 가장 좋게 보는가?

3. 힘들 때나 괴로울 때 또는 위험에 처했을 때 이겨내는 데 도움이 된 자질은 무엇인가?

4. 나의 어떤 점이 인생의 특정한 목표를 이루는 데 도움이 되었나?

5. 나의 어떤 점이 다른 사람에게 도움이 되거나 다른 사람을 행복하게 만드는가?

6. 때때로 나를 행복하게 하고, 자부심을 느끼거나 스스로 괜찮은 사람이라고 생각하게 되는 장점은 무엇인가?

이어서 다음 각 항목에서 자신의 장점을 찾아보자.

- 연인, 친한 친구, 가족과의 관계에서

- 자녀, 조카들, 친구의 자녀들에게

- 직장, 학교에서

- 스포츠, 취미, 여가 활동에서

- 창의력을 발휘하는 일, 손으로 만드는 일, 예술 활동, 음악과 관련된 활동에서

- 집, 정원 등을 돌보는 일에서

- 자신을 돌보는 일에서

앞서 찾아낸 자신의 장점을 찬찬히 살펴보자. 그중에서 스스로 가장 가치 있고 마음에 드는 특징 세 가지를 골라서 따로 써둔다. 속에서 자신을 겨누는 비판의 목소리가 들려서 위축될 때 거기에 귀 기울이지 말고 자신의 장점을 떠올려보자.

추가로 알아야 할 사실

자신의 장점을 그냥 아는 것만으로는 충분하지 않다. 장점

을 잊지 않으려면 적극적으로 노력해야 한다. '능동적 통합'은 자신의 핵심 장점에 대한 인식을 높이는 전략 중 하나다. 과거에 있었던 일 중에서 자신의 장점이 발휘된 일을 수시로 떠올리는 전략이다. 재스민의 예를 살펴보자. 회계사로 일하다가 지금은 쉬고 있는 재스민은 다음과 같은 능동적 통합 방식으로 자신의 세 가지 핵심 장점을 떠올렸다.

- **1일차**

  나의 장점 1: 잘 챙긴다.

  작년 봄에 할머니가 입원하셨을 때 매일 병문안을 갔다.

  나의 장점 2: 두려워하지 않는다.

  마트에서 만난 데번에게 먼저 데이트를 신청했다.

  나의 장점 3: 명랑한 편이다.

  사람들을 기분 좋게 만든다. 리사의 생일 파티에서도

  모두를 웃게 했다.

- **2일차**

  나의 장점 1: 잘 챙긴다.

  가브리엘의 부모님이 이혼 절차를 밟고 있다는 이야기를

듣자마자 가브리엘의 집으로 찾아가서 위로해주었다.

나의 장점 2: 두려워하지 않는다.

상사에게 리더십에 문제가 있다고 느낀 부분을

이야기했다.

나의 장점 3: 명랑한 편이다.

스키를 타다가 사고를 겪었지만, 누가 그 일을 언급하면

민감하게 반응하지 않고 농담 삼아 이야기한다.

추가로 시도해보기

재스민처럼 스스로 선택한 세 가지 장점이 잘 드러났던 일들을 몇 가지 떠올려보고, 일주일 동안 동일한 방식으로 기록해보자. 일주일이 지나면 핵심 장점 목록 중에 다른 세 가지를 골라서 다시 일주일간 반복한다.

2주 동안 자신의 핵심 장점이 발휘된 일들을 찾아본 다음, 그 과정에서 알게 된 자신의 긍정적인 특징을 요약해서 글로 써본다. 장점이 유독 빛을 발했던 일이나 사람들과의 관계에 관한 이야기도 쓴다.

재스민은 자신의 장점을 이렇게 요약했다. "나는 주변 사람들을 기운 나게 만드는 명랑하고 쾌활한 사람이다. 나는 사람들을 도와주고 잘 챙긴다. 특히 아프거나 상처받은 사람을 잘 도와준다. 두려워하는 사람에겐 용기를 주고, 내 경험을 예로 들어서 그 상황에 어떻게 대처하면 좋을지 알려준다. 나는 목표를 이루기 위해서 모험도 강행한다. 나는 운동을 잘하고, 정직하며, 충실한 친구다. 그리고 (아직 출간되진 않았지만) 아주 훌륭한 동화 작가다."

아침마다 자신의 핵심 장점을 요약한 글을 읽어보자. 글의 내용이 친숙해지고 거의 외울 정도로 매일매일 읽는 습관을 들이자. 이 과정을 통해서 꼭 기억하고 스스로 소중하게 여겨야 하는 자신의 장점을 확인하자.

자기수용의 핵심 : 생각의 균형 맞추기

알아야 할 사실

자기수용의 핵심은 스스로가 최선을 다하고 있음을 인정하는 것이다. 자신이 일부러 일을 다 망치고 있으며 고의로 실수를 반복한다고 확신하는 내면의 비판 때문에 이런 사실을 잊게 되지만, 비난 섞인 주장은 사실과 큰 차이가 있다. 후회되는 결정을 내렸을 때 그 일이 어떻게 진행됐는지 열린 마음으로 되짚어보면, 당시에는 그게 최선이라고 판단해서 그런 결정을 내렸다는 사실을 알게 된다.

우리가 순간순간 내리는 결정과 행동은 욕구와 두려움, 스트레스, 개인사, 그 밖에 여러 요소의 영향을 받는다. 선택하는 순간에는 그게 옳다고 느끼고 그래야만 한다는 기분이 든다. 의구심이 들더라도 다 잘되길 바라는 마음과 기대로 일단 밀고 나간다. 이런 사실을 받아들여야 내면에서 나오는 비판의 목소리가 잠잠해진다.

실천 방법

자신이 최선을 다하고 있음을 증명할 수 있는 간단한 방법이 있다. 다른 사람을 화나게 만든 일이나 후회되는 일을 떠올려보자. 그리고 다음 항목을 보면서 그때의 행동과 선택이 자신에게 얼마나 영향을 미쳤는지 써보자.

1. 그 당시에 필요했던 것

자기돌봄 기술

2. 그때 느낀 두려움

3. 그 순간에 느낀 고통이나 스트레스

4. 그 행동이나 선택에 영향을 준 개인사나 경험

5. 그때 알고 있었던 사실 또는 몰랐던 사실

6. 그 선택에 영향을 준 기술이나 부족했던 기술

7. 그 행동에 영향을 준 신체적 또는 정서적인 한계

8. 개인적으로 가치를 두는 것 또는 믿는 것 중에 그 행동에 영향을 준 것

9. 선택에 영향을 준 보상이나 즐거움에 대한 기대

10. 자신이 가진 자원이나 없는 자원 중에 그 선택에 영향을 준 것

이제 그때의 행동이 당시에는 최선이었다는 확신이 드는가? 지금 생각해보면 다른 선택을 했으리란 생각이 들 수도 있다. 하지만 당시에는 그것이 최선이었을 것이다.

그래도 여러 선택지가 있을 때 (설사 가끔은 다른 사람을 화나게 만들더라도 그나마) 최선인 것을 선택한다는 확신이 들지 않는다면, 후회되는 지난 일 중에서 다른 사례를 골라 한두 번 더 연습해보자. 반대로 다른 사람의 선택으로 인해

화가 났던 일로 똑같이 연습해보고 상대방의 선택에 무엇이 큰 영향을 주었을지 생각해보는 것도 좋은 방법이다.

누구나 자신을 보살필 수 있는 가장 최선의 길을 택한다는 사실을 받아들이면 화낼 일이 크게 줄어들 것이다.

추가로 시도해보기

부정적인 딱지가 붙은 일을 다른 방향으로 생각해보는 것도 자기수용에 도움이 된다. 지난 몇 달 사이에 스스로를 비하한 일을 떠올려보자. 그때 내면에서 어떤 비난의 목소리가 들렸나? 그 목소리는 어떤 경멸이 담긴 단어나 문구로 자신의 행동을 묘사했나? '못생겼어', '멍청해', '패배자' 등 당시 내면에서 나온 비난의 목소리에 포함됐던 부정적인 표현을 전부 써본다.

이제 상처가 된 내용을 수정해보자. 먼저 비난의 내용이 지나치게 광범위하다는 사실을 확인한다. 자신이 정말로 그런 부정적인 평가대로 행동하는 경우는 얼마나 될까? 일주일에 한 번? 한 달에 한 번? 평생에 한 번? 그 행동이 정확히 뭐가 문제였는지 또는 왜 부적절했는지 생각해보고 자세히 기록해보자.

예를 들어, '멍청하다'라는 꼬리표가 붙은 일이 있다면, 자신이 평소에 얼마나 자주 멍청하게 행동하는지 생각해본다. '멍청하다'는 건 정확히 어떤 행동을 가리키는가? 작년에 아이들 학교의 학부모 회의를 두 번 잊어버린 것? 어떤 문제를 혼자만 생각하고 참았어야 했는데 친구에게 털어놓은 일? 부정적인 평가가 정확히 무엇 때문에 나온 말인지 상세히 밝혀보자.

이제 실제로 일어난 일을 반영해서 균형을 맞춘다. 부정적인 쪽으로만 생각하지 않도록 긍정적인 면도 공정하게 반영한다. 예를 들어, 친구들에게는 다정하게 대하고 잘 어울리는데 낯선 사람들과는 대화가 영 어색해질 때가 많은 사람이 있다. 또는 매년 엄마와 꼭 몇 번씩 싸우고 그때마다 아주 못되게 굴지만, 평소에는 엄마와 자주 통화하고 찾아가서 안부를 성실하게 챙기는 사람도 있다.

재스민이 쓴 목록을 예로 들면 다음과 같다.

- **부정적인 딱지**: 나는 어리석고 충동적인 인간이다.

- **균형을 맞춘 생각**: 전부 합쳐 약 350달러를 들여서 옷 몇 벌을 샀을 때 든 생각이다. 하지만 카드 값은 꼬박꼬박 갚고 있고, 그 옷 덕분에 멋진 모습으로 동창회에 갈 수 있었다.

- **부정적인 딱지**: 나는 멍청하다.
- **균형을 맞춘 생각**: 마지막으로 일한 회사에서 계산 실수를 세 번이나 해서 문제가 생겼다. 하지만 회사에서 세법을 잘 안다는 평가도 들었다.

- **부정적인 딱지**: 이기적인 인간. (남동생이 한 말이다)
- **균형을 맞춘 생각**: 내 생각에도 나는 외모에 신경을 많이 쓰고 내가 필요한 것에도 그런 편이다. 하지만 친구들이나 가족들을 위한 일에도 아낌없이 시간을 쓴다.

지금부터 스스로 부정적인 딱지를 붙이고 있음을 깨달을 때마다 반박해보자. 왜 그렇게 생각하는지 구체적으로 따져보고, 그와 반대되는 긍정적인 면을 찾아서 균형을 맞춰보자.

자기돌봄 기술

나의 몸과 마음을 돌보는 세 가지 기술

알아야 할 사실

스스로를 잘 챙기면 삶의 질이 올라가고 분노와 거리를 두는 데도 도움이 된다. 스트레스를 받을 때 자신을 챙기면서 적극적으로 대처하면, 화가 치밀어도 훨씬 효율적으로 대응할 수 있다.

자신을 잘 돌보는 기술은 크게 세 가지다. 몸을 편안하게 하는 것, 사람들과 유대감을 형성하는 것, 그리고 감정의 균형을 찾는 것이다. 일상생활 속에 자신을 돌볼 수 있는 새로운 활동을 몇 가지 추가해서 효과를 확인해보자.

실천 방법

다음 활동 중 몸을 편안하게 하고, 사람들과 유대감을 형성하고, 감정의 균형을 찾으려는 노력에 도움이 될 만한 것을 찾아서 기록해두자.

- **몸을 편안하게 하는 활동**

  체온/온기: 실내 온도를 알맞게 유지한다. 따뜻한 물로 샤워하거나 목욕한다.

  옷: 마음에 드는 촉감과 색깔의 옷을 입는다. 몸을 조이는 옷보다는 헐렁한 옷이 좋다.

  침대: 몸을 편하게 받쳐주는 침대가 적절하다. 따뜻하고 포근한 침구를 마련한다.

가구: 편안하고 튼튼한 의자 하나는 꼭 필요하다. 일하는 공간은 물건을 넓게 펼칠 수 있도록 넉넉한 게 좋다.

음식: 건강에 좋고 맛도 좋은 음식을 먹는다.

음료: 따뜻한 음료나 갈증을 해소할 수 있는 시원한 음료를 마신다. 카페인이 든 음료는 피한다.

마사지/신체의 쾌감 느끼기: 물리적인 접촉으로 몸을 이완한다.

긴장 조절: 긴장을 푸는 운동을 하거나 명상한다.

에너지 충전: 휴식, 수면, 조용히 시간을 갖고 에너지를 충전한다.

움직이기: 유산소 운동, 스트레칭을 하거나 운동 시합에 나간다.

통증: 통증이 느껴지면 바로 치료 받는다. 가능하면 통증을 가라앉힐 수 있는 방법을 찾는다.

냄새: 불쾌한 냄새는 피한다. 좋은 향기를 활용할 수 있는 방법을 생각해본다.

가꾸기: 매니큐어를 바르는 등 손톱을 손질한다. 미용실에 가서 머리를 손질한다.

삶의 속도: 되도록 모든 일을 급하게 하지 않는다.

약속과 행사 일정은 충분히 간격을 두고 잡는다.

마감일은 여유 있게 잡는다.

- **사람들과 유대감을 형성하는 활동**

  친구: 친구들과 수시로 통화하거나 만난다. 함께할 수
  있는 활동을 계획한다.

  단체 활동: 스포츠나 취미, 정치, 지역사회 활동, 교육,
  창의력을 발휘할 수 있는 활동 등 정기적으로 정해진
  일정에 따라 활동하는 단체에 들어간다.

  가족: 힘이 되고 서로의 생활에 관심을 기울이는
  가족들과 자주 연락한다.

  관대한 활동: 다른 사람을 돕거나 다른 사람을 위한
  일을 한다.

  부부나 연인: 둘만의 시간을 갖는다. 함께 즐길 수 있는
  일을 계획한다. 신체적으로 더 가까워지는 활동이나
  성적인 활동을 함께 계획한다. 작은 선물을 준다(물건이나
  시간, 에너지).

  지역사회 활동: 교회 활동, 자녀가 다니는 학교의
  학부모회, 주민회, 마을 공동체 활동에 참여한다.

- **감정의 균형을 잡기 위한 활동**

의미 찾기: 목표를 세우고 이루려고 노력한다.
다른 사람을 위해 봉사한다. 창의력을 발휘해서 뭐든
만들어본다.

즐거움: 즐겁게 할 수 있는 일을 계획한다.

한계 정하기: 하고 싶지 않은 일, 겪고 싶지 않은 일은
거절한다.

감사하기: 매일 명상하면서 인생에서 고마움을 느끼는
것과 소중하다고 여기는 것을 떠올린다.

마음챙김: 생각이 현재에 머무르도록 노력한다. 설거지
중이라면 그릇을 닦는 일에 몰두하고, 창문을 열 때는
밀어젖히는 힘에 집중한다. 귀갓길에 천천히 걷는 것도
도움이 될 수 있다. 마음챙김 명상도 활용한다.

창의력 발휘하기: 시를 쓰거나, 예술 활동을 하거나,
커튼 길이를 바꿔보는 등 새로운 것을 만들어본다.

미학적인 요소 더하기: 자신이 좋아하는 것들을 집이나
사무실 등 생활하는 환경에 더 많이 채운다.

자연과 만나기: 시간을 내서 자연과 접할 수 있는
좋아하는 장소에 짧게라도 자주 다녀온다.

배움: 새로운 지식을 쌓고 새 기술을 배운다.

확신: 자신의 핵심 장점을 자주 떠올린다.

혼자 있는 시간: 혼자 생각하고, 되새기고, 계획을 세울 수 있는 시간을 갖는다.

스트레스 풀기: 스트레스가 심한 상황을 잘 이겨낼 수 있도록 짧게라도(몇 분도 좋고 며칠도 좋다) 회복할 시간을 갖는다.

퇴근 후 휴식: 집에 들어오는 순간부터는 긴장을 다 내려놓는다.

수동적인 휴식: 독서, 영화 보기나 다른 사람들과 함께 어울린다.

능동적인 휴식: 취미 생활이나 흥미로운 일을 찾아서 하고, 자기 계발을 위한 목표를 실천한다.

기록해둔 항목들을 다시 읽어보고, 가장 먼저 시도하고 싶은 활동 세 가지를 고른다. 이 항목을 참고해서 자신을 돌볼 수 있는 계획을 세운다. 마음먹는 것만으론 부족하다. 구체적인 계획을 세우고, 생활의 한 부분이 되도록 노력해야 한다. 이 계획표를 작성하면 큰 도움이 될 것이다.

자기돌봄 기술

나를 돌보기 위한 계획 세우기

활동 1

언제(날짜/시각)

얼마나 자주(해당되는 활동만)

조정할 것(이 활동을 위해 변경이나 조정 또는 중단해야 하는 일이 있는가?)

활동 2

언제(날짜/시각)

얼마나 자주(해당되는 활동만)

조정할 것(이 활동을 위해 변경이나 조정 또는 중단해야 하는 일이 있는가?)

후유증 관리 :
오감 활용하기

알아야 할 사실

화를 터뜨린 이후의 감정 관리는 분노를 효과적으로 다스리는 방법 중에서도 가장 까다롭고 고통스러운 단계다. 화를 낼 때 몸 전체의 에너지와 정신적·신체적 상태에 미치는 영향, 화가 나서 한 말이나 행동으로 빚어진 결과까지 분노의 후유증은 오랫동안 남는다. 그러므로 분노의 후유증에 대처하는 법을 익혀두면 도움이 된다.

우선 몸을 돌보는 방법이다. 가장 효과적인 방법은 물리적인 방식으로 몸을 진정시키는 것이다. 이 방법은 몸에 필요한 자원을 다시 채우고 침착함을 되찾는 데 도움이 된다. 극심한 분노는 몸에 큰 부담이 되어 더 예민해지거나, 심하게 화내거나, 다른 감정에 휩싸이기 쉽다. 그러므로 물리적인 진정 기술을 활용하면 더 화낼 확률과 분노의 후유증에 시달릴 위험성을 줄일 수 있다. 분노의 여파에서 빨리 회복될수록 다음에 또 똑같이 화낼 가능성이 줄어든다. 따라서 이것은 분노를 예방하는 전략이기도 하다.

물리적인 진정 기술의 기본 원리는 촉각, 미각, 후각, 시각, 청각 다섯 가지 감각을 활용해서 몸을 편안하게 하는 것이다. 이 다섯 가지 감각 중 두 가지 이상을 동시에 활용하면 가장 큰 효과를 얻을 수 있다.

○   Linehan, 1993b, 2015

실천 방법

오감을 편안하게 해서 스스로를 진정시키는 방법이 있는지 생각해본다. 다음은 몇 가지 예시다. 관심이 가는 것을 골라보거나 자신만의 방법을 찾아서 시도해보자.

- **촉각**

  피부에 닿았을 때 편안하고 기분 좋은 감각을 느껴본다. 포근한 스웨터, 얇은 셔츠, 면 소재 맨투맨이나 티셔츠, 따뜻한 플리스, 실크 스커트 등 촉감이 부드러운 옷을 입는다. 욕조에 따뜻한 물을 채우고 거품 목욕을 하거나 따뜻한 물로 샤워한다. 욕조에 온수를 채우고 가만히 앉아 물이 피부에 닿는 느낌에 집중한다. 사우나에 가거나 햇살 아래에서 피부에 닿는 온기를 느끼며 휴식한다. 마사지를 받거나 직접 몸을 마사지한다. 고양이나 개(또는 다른 동물)를 쓰다듬고 피부에 닿는 털의 촉감에 집중한다. 친구나 사랑하는 사람을 꼭 껴안는다. 따뜻하고 포근한 담요로 몸을 폭 감싸고 편안한 의자나 침대에 눕는다. 불 앞에 앉아서 따뜻한 온기에 집중한다.

- **미각**

  으깬 감자 요리, 마카로니와 치즈, 시나몬 롤, 초밥, 갓 구운 빵 등 기분이 좋아지는 음식을 먹는다. 뜨거운 코코아나 차, 다른 뜨거운 음료를 마신다. 더운 날에는 아이스크림을 먹는다. 다크 초콜릿이나 생과일을 한 조각 먹고 어떤 맛이 느껴지는지 집중한다.

- **후각**

  향을 피우거나 향초를 켜고 풍겨 나오는 향에 집중한다. 향이 나는 로션을 바르고 향을 맡아본다. 꽃집이나 화원에 가서 꽃향기를 마신다. 라벤더나 바닐라 향을 맡아본다. 밖에 나가서 신선한 공기를 마신다. 쿠키나 빵 굽는 냄새를 맡아본다. 원두를 갈 때 또는 커피를 내릴 때 나는 향을 맡는다. 생 허브나 향신료가 담긴 병을 열고 향을 깊이 들이마신다. 불을 피우고 연기와 나무가 탈 때 나는 냄새에 집중한다.

- **시각**

  사랑하는 사람의 사진이나 좋아하는 장소의 사진을 본다.

해변, 일몰, 멋진 산 등 마음이 편해지는 풍경 사진을
본다. 해변에서 모래사장에 부딪히는 파도를 지켜본다.
해 지는 풍경을 바라본다. 하늘에 떠다니는 구름, 바람에
흔들리는 잎을 본다. 반려동물이나 아이들이 노는 모습,
잠자는 모습을 지켜본다. 불꽃이 일어나는 모양, 촛불의
움직임과 공기 중에서 일렁이는 모습을 바라본다.

- **청각**
  편안한 음악, 새들의 소리, 아이들이 노는 소리를
  들어본다. 산책로나 동네를 걸으며 주변에서 나는 자연의
  소리에 귀 기울인다. 해 질 무렵 밖에 앉아서 귀뚜라미가
  우는 소리를 들어본다. 바닷가에서 모래사장에 부딪히는
  파도 소리를 듣는다. 불을 피우고 장작이 타닥타닥 타는
  소리를 듣는다.

몸을 진정시키는 기술을 찾았다면 효과를 시험해보자.
화를 내고 기운이 다 빠진 기분이 들거나 신경이 곤두섰을
때 그 기술 중 하나를 활용해서 후유증에 대처해보자.
스스로를 달래는 기술을 활용할 때는 자신이 느끼

는 감각에만 집중하고 정신은 현재에 머물러야 한다. 집중이 흐트러지는 게 느껴지면 다시 감각에 집중하려고 노력한다.

후유증 관리 :
죄책감에서 벗어나기

알아야 할 사실

앞장에서도 설명했듯이 심하게 화가 나서 한 행동이나 말은 후유증을 남긴다. 분노로 촉발된 행동이 낳은 결과나, 그것이 소중한 사람들에게 남긴 영향을 직시하는 건 힘들지만 꼭 필요한 일이다. 이 책에서 소개한 여러 기술을 꾸준히 연습하더라도 분노에 휩싸여 어떤 행동이나 말을 해버리고 나중에 후회하는 일이 생길 수 있다. 그러므로 화가 나서 안 좋은 행동을 했을 때 생기는 부정적인 결과에 대처하는 기술도 함께 익혀야 한다.

후회되는 일을 하고 나면 온갖 비참하고 괴로운 감정을 느끼게 된다. 사람들이 화가 나서 아무 소용도 없거나 해가 되는 행동을 해버린 후에 가장 많이 느끼는 감정은 죄책감과 수치심이다. 실천 31(169쪽)에서 죄책감과 수치심을 다루면서 자신을 용서하는 것이 왜 중요한지 설명했다. 이번 장에서는 자신이 한 행동이나 행위를 나쁘게 평가할 때 생기는 죄책감에 주목해보자.

죄책감은 특정 행동을 반복하지 않는 동기가 되기도 하고, 어떤 행동 때문에 망가진 관계를 회복하는 계기가 되기도 하므로 유익한 면이 있다. 쓸데없이 화를 표출한 것에 죄책감을 느끼면 다음에는 다른 방식으로 감정을 표현하거나 분노를 잘 다스리는 방법을 활용하게 되고, 자신이 상처를 준 사람에게 사과하려는 마음이 생길 수 있다. 모두 분노를 표출한 후에 찾아오는 후유증 관리에 도움이 된다.

죄책감을 느낀다는 건 자신이 했던 행동을 고치고 그

행동으로 인해 망가진 관계를 바로잡고 싶다는 마음의 신호다. 이런 마음의 신호를 느꼈을 때 바로 행동으로 옮기는 것이 죄책감을 관리하는 가장 효과적인 방법이다.°

실천 방법

- **자신의 행동으로 발생한 부정적인 결과를 인정한다**

  자신의 행동이 남들에게 어떤 악영향을 주었는지 먼저 인정하지 않으면 그런 행동을 바로잡기가 어렵다. 죄책감을 효과적으로 관리하려면 잘못을 인정하는 게 첫 번째다. 화가 나서 어떤 행동을 하고 죄책감이 든다면, 그 행동이 다른 사람들에게 남긴 부정적인 결과를 찬찬히 생각해보자.

- **사과하라**

  자신의 행동이 다른 사람들에게 어떤 상처가 됐는지 알게

° Linehan, 1993b, 2015

자기돌봄 기술

됐다면 그 사실을 토대로 사과하자.° 자기 행동에 책임을
지고, 그 일을 진지하게 받아들이고 있음을 상대방에게
알리고, 후회되는 마음을 전하고, 미안하다고 말하자.
사과는 그 행동이 일으킨 피해를 수습하는 데 큰 도움이
되고, 화가 나서 했던 행동의 영향을 신경 쓰고 있다는
사실을 상대방에게 알릴 수 있다.

- **관계가 회복되고 더 돈독해지도록 노력한다**

  자신의 행동으로 상처를 준 사람과 관계를 회복하는 것은
  분노 행동으로 인한 죄책감을 가장 효과적으로 관리하는
  기술이다.°° 사과의 연장선이라고도 볼 수 있다. 사과는
  서로의 관계를 화내기 이전으로 되돌리는 데 도움이
  되지만, 이 기술의 핵심은 거기서 더 나아가 관계가
  처음보다 더 원만하고 돈독해지도록 노력하는 것이다.°°°
  다른 사람에게 화를 쏟아내거나 화가 나서 후회되는
  행동을 한 경우, 어떻게 해야 상대방과의 관계를 이전보다

°   Linehan의 같은 책
°°   Linehan의 같은 책
°°°   Linehan의 같은 책

더 돈독하게 만들 수 있을지 생각해보자. 친절하게
대하고, 평소에 하던 방식에서 벗어나 상대방이 즐겁고
기뻐할 만한 일을 시도해본다. 서로의 관계에서 무엇이
부족한지, 어떻게 하면 채울 수 있는지도 고민해본다.
자주 만나지 못하는 상황이라면 만나서 함께 시간을
보낼 수 있는 계획을 세운다. 그동안 현실에서 스트레스
받는 일에만 정신을 쏟고 살았다면, 따로 시간을 내서 그
시간만큼은 화해하고 싶은 사람에게 집중한다. 관계를
회복하고 더 탄탄하게 만드는 것은 죄책감을 관리하는
훌륭한 방법이다.

- **죄책감에서 헤어 나와라**

  죄책감을 느껴서 자기가 한 행동에 책임을 지고,
  사과하고, 관계를 회복하려고 노력했다면 이제 그
  감정에서 벗어나 앞으로 나아가야 한다.°°°° 죄책감에서
  헤어나는 것이 이 감정을 관리하는 마지막 단계다.
  죄책감은 긍정적인 행동의 동력이 될 때만 도움이

°°°° Linehan의 같은 책

자기돌봄 기술

되는 감정이다. 앞에서 설명한 방법을 모두 실천했으면 죄책감은 해야 할 몫을 다했다고 볼 수 있다. 상대방에게 사과하고 관계가 회복된 후에도 마음에 죄책감이 계속 남아 있으면 아무 도움이 안 된다. 그러므로 이 단계에 따라 죄책감을 관리한 후에는 자신을 용서하고 그 감정에서 빠져나와야 한다.

후유증 관리 :
수치심에서 벗어나기

· 알아야 할 사실

죄책감보다 훨씬 더 도움이 안 되는 감정이 수치심이다. 수치심은 자신이 했던 특정한 말이나 행동이 아니라, 스스로를 전체적으로 나쁘게 평가할 때 생긴다. 그 결과 자신을 증오하고, 가치가 없는 존재라고 생각하게 되는데(전혀 도움이 안 되는 생각이다), 이는 문제가 되는 행동을 고치거나 상황을 바로잡는 데 걸림돌이 된다. 한 번 생각해보자. 자신이 대체로 괜찮은 사람이지만 가끔 별로 안 괜찮은 일을 저질렀을 때 죄책감을 느끼고 스스로 생각하기에도 마음에 들지 않는 행동이므로 바꿔야겠다는 마음이 들 수 있다. 그러나 자신을 한결같이 형편없는 사람이라고 생각하면 상황이 나아질 수 있다는 생각조차 하지 못하게 된다. 수치심을 느끼면 행동을 바꾸려고 해봤자 소용없다고 생각하기 쉽다. 죄책감과 수치심은 이렇게 다른 감정이므로, 관리하는 방법에도 차이가 있다.

실천 방법

- **경험을 객관적으로 볼 것**

  사실에 주목해서 경험한 일에 객관적인 결론을 내리는 마음챙김 기술을 활용하면 수치심을 줄이는 데 도움이 된다.° 실천 11(71쪽)에서 자신의 분노 버튼을 누르는 원인을 찾을 때 활용할 수 있는 방법으로도 소개했다.

이 기술을 수치심에 적용하면 자기 자신이나 자신이
했던 행동을 비난하거나 '사악하다', '끔찍하다' 같은
격앙된 표현이 아닌, 화가 났을 때 했던 행동과 그 결과를
객관적으로 묘사할 수 있다. 또한 자책과 자책에서
생겨나는 수치심을 최소화할 수 있다. 경험한 일에
객관적으로 결론을 내려야 망가진 관계를 바로잡기 위해
자신이 무엇을 할 수 있는지 생각하고, 다음에 또 화가 날
때는 어떻게 해야 감정을 효과적으로 다스릴 수 있는지
고민하는 등 더 생산적이고 유익하게 대응하는 데 집중할
수 있다.

● 수치심이 부추기는 행동과 반대로 하기

수치심을 관리하는 또 한 가지 유용한 방법은 반대로
하기다.[○○] 실천 3(27쪽)에서도 이 기술로 불필요한 분노를
조절할 수 있다고 설명했다. 그 원리를 수치심에도
적용할 수 있다. 다스리고 싶은 감정이 있다면 그 감정이

○   Linehan, 1993b, 2015
○○   Linehan의 같은 책

부추기는 행동과 정반대로 행동하면 된다. 수치심은 숨고, 피하고, 마음의 문을 걸어 잠그고, 스스로에게 벌을 내리라고 부추긴다. 그러므로 반대로 뒤집어서 자신의 분노에 영향을 받은 사람들에게 먼저 다가가 실천 38(209쪽)에서 설명한 방법대로 피해를 수습하고 바로잡는 것이 수치심을 줄이는 가장 효과적인 전략이다. 상대방의 눈을 피하지 말고 마주 보라. 소중한 사람들에게 꾸준히 다가가고 사람들 주변에 있으려고 해보자. 남들과 멀어져서 스스로를 고립시키는 행동은 최대한 자제하자. 사람들을 피하고 싶은 충동은 억제하기 힘들 수 있지만, 노력해보면 수치심을 줄이는 데 도움이 된다는 사실을 알게 될 것이다.

자기연민
연습

알아야 할 사실

분노 문제를 겪는 사람들은 분노를 나쁘게 여기는 경우가 많다. 그래서 분노를 느끼기만 해도 자신을 비난한다. 심지어 감정을 효과적으로 잘 관리해서 적절하게 표현하고도 자책감이나 수치심을 느끼기도 한다.

분노는 인간이라면 누구도 피할 수 없는 정상적인 감정이다. 분노를 느낀다는 이유로 자신이 문제가 있고 해로운 존재라고 자책하고 비난해봐야 아무 소용없다. 분노는 마음대로 없애버리고 살 수 있는 감정이 아니다. 그런 생각은 해봐야 기분만 나빠지고, 기분이 나쁠수록 수치심은 커지며 그만큼 화가 폭발해버리기 쉬운 상태가 된다. 그러므로 화가 나도 자신에게 연민을 갖고 친절하게 대하는 게 훨씬 도움이 된다.

실천 방법

인간이라면 누구나 느끼는 정상적인 감정을 느꼈다는 이유로 자책하지 말고, 자신을 애정과 존중으로 대해보자. 자기 연민을 키우는 방법은 여러 가지가 있다.

- **자신을 위해 근사한 일을 해본다**

  지금 당장은 자신에게 애정을 느끼지 못하더라도, 좋은 마음으로 다정하게 대해볼 수는 있다. 자신을 위한 선물을

사거나 좋아하는 음식이나 간식을 먹는 것, 즐겨 보는
TV 프로그램이나 영화를 보는 것, 실천 37(203쪽)에서
소개한 '후유증 관리: 오감 활용 방법' 중 하나를 실천에
옮겨보는 것도 포함된다. 나를 진심으로 사랑하고
존중하는 것처럼 행동하면 실제로 그런 감정이 생기고
자기연민도 깊어진다.

● **정당한 분노인지 따져보자**

화냈다는 이유로 자신을 비난하기 시작했다면, 왜 화가
났는지 자세히 따져보면서 생각의 방향을 바꿔본다.
분노를 포함한 인간의 모든 감정에는 이유가 있고,
중요하며, 정해진 기능이 있다는 사실을 기억하자.
자신이 느낀 분노가 무엇을 의미하는지, 목적이
무엇이었는지 생각해보자. 분노를 적으로 대하지 말고
친구나 내게 도움을 주려는 사람처럼 대할 필요가
있다. 충동적인 분노의 단점을 정확히 인지하는 것도
중요하지만, 자신이 느낀 분노를 존중하고 그 감정으로
얻을 수 있는 이점을 아는 것도 중요하다.

자기돌봄 기술

- **자신의 강점과 긍정적인 특징에 집중한다**

  자기비난은 순식간에 생활 전체를 지배하고 통제가 안

  되는 수준으로 치달을 수 있다. 처음에는 화냈다는 이유로

  스스로를 비난하다가, 나중에는 자신이 느끼는 모든

  감정과 행동을 비난하게 된다. 자신의 긍정적인 행동과

  장점이라고 생각하는 특징에 집중하면 이런 상황을 막을

  수 있다. 예를 들어, 다른 사람이 자신 덕분에 좋은 결과를

  얻었던 일들을 떠올려본다. 또는 삶을 개선하고 더 많은

  기술을 익히려고 어떤 노력을 해왔는지 생각해본다.

  성취한 일이 있다면 인정하자. 그리고 자신이 가진 여러

  특징 중에서 가치 있다고 여기는 면에 초점을 맞춘다.

  자신의 긍정적인 특징과 강점에 주목하면 큰 변화를

  만들어나가는 좋은 동력이 되며, 의욕도 생긴다.

비난보다는 연민을 선택하자. 분노를 느꼈다고 해서 또
는 불필요하게 분노를 표현했다고 해서 자책하면 의기소침
해지고 그럴수록 달라지려는 노력은 더욱 힘을 잃게 된다.

앞으로 나아가자

아무리 많은 기술을 활용해도, 그리고 그런 기술이 아무리 큰 효과를 발휘한다고 해도 극심한 분노가 남기는 후유증은 오랫동안 남는다. 모든 강한 감정은 몸에 큰 부담을 준다. 화가 나서 다른 사람들에게 감정을 쏟아내거나 후회되는 행동을 하면 여기에 죄책감과 수치심까지 더해져서 분노의 후유증을 관리하는 일이 분노 자체를 관리하는 것만큼 어려워질 수 있다. 그러므로 분노를 표출한 후에 자신을 돌보고 사람들과의 관계도 관리하는 방법을 알아두는 게 중요하다.

이 책에서 배운 기술을 자기 자신과 다른 사람을 다정하게 대하고 존중하는 길로 안내하는 지도로 여기길 바란다. 화가 나서 무슨 짓을 저질렀건, 그 일로 얼마나 큰 죄책감에 시달리건 자책은 상황을 더 나쁘게 만들 뿐이다. 그러니 자신에게 연민을 가지자. 자신의 분노를 더 효과적으로 다스릴 수 있는 방법을 배우려는 노력을 인정하자. 이 책을 읽고 자신의 분노를 더 깊이 이해하려고 애쓰는 것이나, 여기에서 소개한 기술을 연습해보는 것에도 점수를 줄 필요가 있다.

분노를 관리하려고 꾸준히 노력했다면 그동안 얼마나 발전했고 생활이 어떻게 개선됐는지에 주목하자. 또다시 화가 나서 남에게 상처를 주거나 아무 도움도 안 되는 분노를 터뜨렸다면 자기 행동에 책임을 지고 그런 행동을 한 것에 대해 사과해야 한다. 관계를 개선하고, 그 관계가 이전보다 더 탄탄해질 수 있도록 집중적으로 노력하자.

분노를 더욱 효과적으로 다스리게 되면 후회할 일이 줄고, 하고 싶은 일에 더 많은 시간과 에너지를 쓰면서 살수 있다. 중요한 일에 몰두할수록 더 의미 있는 삶이 되며 정서적인 행복과 건강도 향상된다.°

°   Costin and Vignoles, 2020

그럼 무엇이 중요한 일일까? 가족과 친구가 가장 중요한 사람도 있고, 틈날 때마다 개인적으로 흥미를 느끼는 일에 뛰어드는 것을 가장 중요하게 생각하는 사람도 있다. 혼자 힘으로는 자신을 보호하지 못하는 사람을 대신 지켜주는 일에 시간을 쏟는 사람도 있다. 글을 쓰면서 텃밭을 가꾸고 낡은 물건을 고치는 등 여러 가지 일을 하는 사람도 있다. 사업을 운영하거나 자기 직업에 큰 열정을 갖고 몰두하는 사람도 있다.

다음에 분노가 치미는 순간이 오면 잠시 멈추고 생각해보자. 인생에서 무엇에 감사함을 느끼는가? 화내는 것보다 그게 더 중요하지 않을까?

| 더 읽을거리 |

국내 번역 도서

《자신의 분노를 이기는 방법The Anger Control Workbook: Simple, Innovative Techniques for Managing Anger and Developing Healthier Ways of Relating》, 매튜 맥케이Matthew McKay, 피터 로저스Peter Rogers, 2004, 시그마프레스

《분노를 다스리는 인지행동 워크북The Cognitive Behavioral Workbook for Anger: A Step-by-Step Program for Success》, 윌리엄 J. 너스William J. Knaus, 2022, 광문각

《분노를 위한 변증법적 행동치료 기술 워크북: 분노 관리를 위한 DBT 마음챙김 정서 조절 기술The Dialectical Behavior Therapy Skills Workbook for Anger: Using DBT Mindfulness and Emotion Regulation Skills

to Manage Anger》, 알렉산더 L. 채프먼Alexander L. Chapman, 킴 L.
그래츠Kim L. Gratz, 2016, 하나의학사

《당신의 기분과 삶을 조절하는 방법 Thoughts and Feelings: Taking
Control of Your Moods and Your Life》, 매튜 맥케이Matthew McKay, 마사
데이비스Martha Davis, 패트릭 패닝Patrick Fanning, 2022, 북스타

《기분 다스리기Mind Over Mood: Change How You Feel by Changing the Way You
Think》, 데니스 그린버거Dennis Greenberger, 크리스티나 A.
페데스키Christine A. Pedesky, 2018, 학지사

《필링 굿Feeling Good: The New Mood Therapy》, 데이비드 D. 번스David D.
Burns, 2023, 아름드리미디어

해외 도서

Ronald T. Potter-Efron, Patricia S. Potter-Efron: Thirty-
Minute Therapy for Anger: Everything You Need to
Know in the Least Amount of Time. New Harbinger
Publications

Robyn D. Walser, Manuela O'connell: The ACT Workbook
for Anger: Manage Emotions and Take Back Your
Life with Acceptance and Commitment Therapy.

New Harbinger Publications

Aaron Karmin: Instant Anger Management: Quick and

Simple CBT Strategies to Defuse Anger on the Spot.

New Harbinger Publications

Costin, V., and V. L. Vignoles. 2020. "Meaning Is About Mattering:
    Evaluating Coherence, Purpose, and Existential Mattering
    as Precursors of Meaning in Life Judgments." *Journal of
    Personality and Social Psychology* 118 (4): 864–84.

De Couck, M., R. Caers, L. Musch, J. Fliegauf, A. Giangreco, and
    Y. Gidron. 2019. "How Breathing Can Help You Make Better
    Decisions: Two Studies on the Effects of Breathing Patterns
    on Heart Rate Variability and Decision-Making in Business
    Cases." *International Journal of Psychophysiology* 139: 1–9.

Linehan, M. M. 1993a. Cognitive-Behavioral Treatment
    of Borderline Personality Disorder. New York:
    Guilford Press. (《변증법행동치료》, 마샤 리네한 지음,
    최현정 · 이한별 · 허심양 · 김지강 · 조이수현 옮김, 학지사,
    2003)

————. 1993b. Skills Training Manual for Treating Borderline Personality Disorder. New York: Guilford Press.

————. 2015. DBT Skills Training Manual. 2nd ed. New York: Guilford Press. (《전문가를 위한 DBT 다이렉티컬 행동치료》, 마샤 리네한 지음, 조용범 옮김, 더트리그룹, 2018)

Perciavalle, V., M. Blandini, P. Fecarotta, A. Buscemi, D. Di Corrado, L. Bertolo, F. Fichera, and M. Coco. 2017. "The Role of Deep Breathing on Stress." *Neurological Sciences* 38 (3): 451–58

옮긴이 제효영

성균관대학교 유전공학과와 성균관대학교 번역대학원을 졸업했다. 옮긴 책으로는 《과학이 사랑에 대해 말해줄 수 있는 모든 것》, 《과학은 어떻게 세상을 구했는가》, 《유전자 임팩트》, 《대유행병의 시대》, 《피부는 인생이다》, 《신종 플루의 진실》, 《메스를 잡다》, 《몸은 기억한다》, 《우울에서 벗어나는 46가지 방법》, 《펭귄들의 세상은 내가 사는 세상이다》 등이 있다.

또 화내고
늘 후회하고 있다면

첫판 1쇄 펴낸날 2024년 3월 12일

지은이 매튜 맥케이, 로널드 T. 포터 에프론, 알렉산더 L. 채프먼, 윌리엄 J. 너스,
　　　패트리샤 S. 포터 에프론, 피터 로저스, 킴 L. 그래츠
옮긴이 제효영
발행인 김혜경
편집인 김수진
책임편집 문해림
편집기획 김교석 조한나 유승연 김유진 곽세라 전하연 박혜인 조정현
디자인 한승연 성윤정
경영지원국 안정숙
마케팅 문창운 백윤진 박희원
회계 임옥희 양여진 김주연

펴낸곳 (주)도서출판 푸른숲
출판등록 2003년 12월 17일 제2003-000032호
주소 서울특별시 마포구 토정로 35-1 2층, 우편번호 04083
전화 02)6392-7871, 2(마케팅부), 02)6392-7873(편집부)
팩스 02)6392-7875
홈페이지 www.prunsoop.co.kr
페이스북 www.facebook.com/simsimpress　　**인스타그램** @simsimbooks

ⓒ 푸른숲, 2024
ISBN 979-11-5675-458-9(04180)

심심은 (주)도서출판 푸른숲의 인문·심리 브랜드입니다.

* 잘못된 책은 구입하신 서점에서 바꾸어 드립니다.
* 본서의 반품 기한은 2029년 3월 31일까지입니다.